いちばんカンタン!

株の超入門書

改訂4版

安恒理

高橋書店

15秒の株講座

①なぜ会社は株を売るの？

会社の経営に必要なお金を集めるためです。

②会社で利益が出たらどうなるの？

株主に利益の一部を還元します。

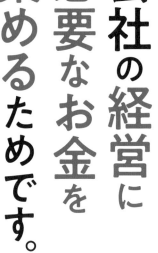

巻頭トピックス1
そうだったのか、株!

宇宙最速!?

③どうして株価は上下するの?

買いたい人と売りたい人の多さで値段が決まるからです。

④投資家の理想の儲け方は?

とにかく安いときに買い、高いときに売ることです。

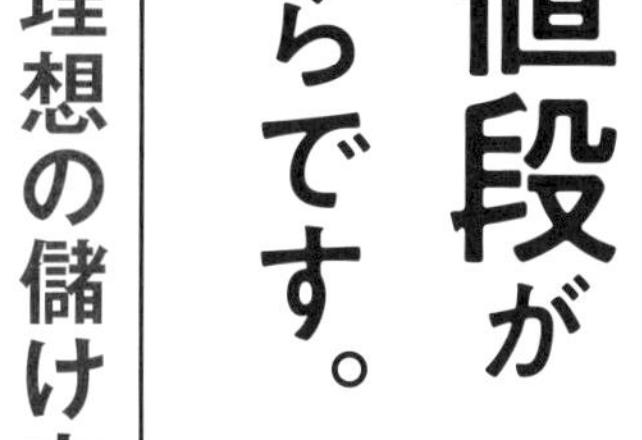

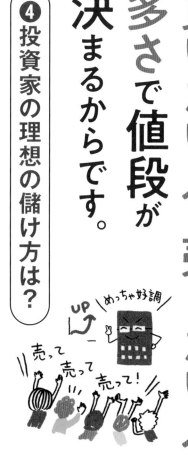

なんてったって魅力がいっぱい！

魅力1 預金では絶対に得られない利回りも！

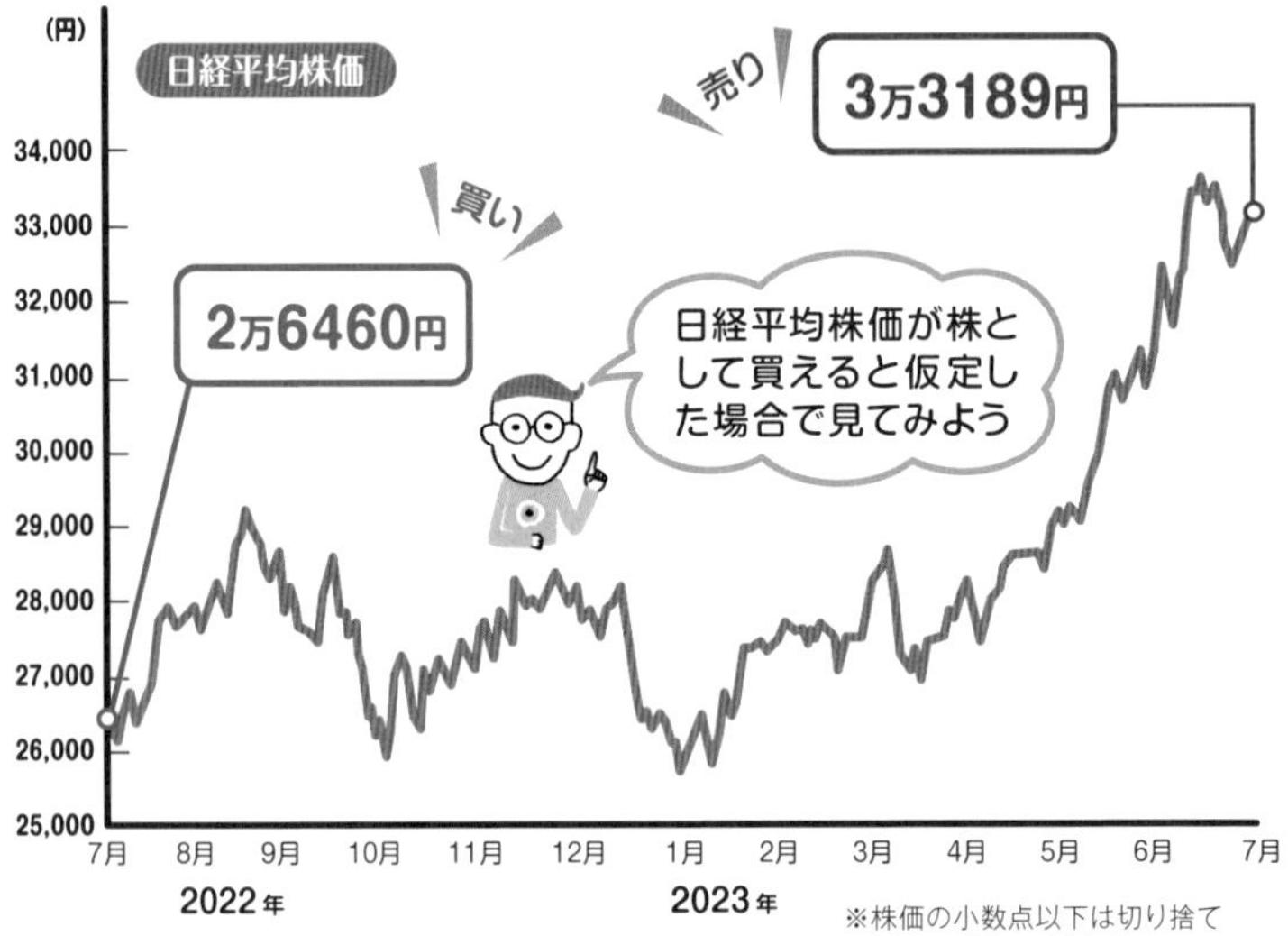

※株価の小数点以下は切り捨て
※Yahoo!ファイナンス

株（仮想）を高値で売却

上昇率 **25.43%**

10万円分買っていれば
2万5430円の儲け！

※実際に日経平均株価という株はありません

＞

A銀行で定期預金（1年）

金利／年率 **0.001%**

10万円預けても
1円にしかならない

※金利は各金融機関によって異なります

カンタンに始められ手数料も安い

株は以前に比べて、初心者が始めやすくなっています。その大きな理由はネット取引の普及です。取引がカンタンにできることに加え、株の売り買いのたびにかかる手数料もずいぶん安くなっています。

また、株の一番の魅力は値上がり益（28ページ参照）です。株価が１０００円のときに買い、１００円値上がりしたときに売れば、10％の利益を得たことになります※。これは銀行にお金を預ける

※取引手数料や税金は計算に入れていません

魅力 2 超シンプル！誰でもできる

ネットでラクラク！
手数料も安い！

① 口座開設

ネットでカンタンに開設。自分の投資スタイルに応じて各証券会社で手数料を比較するのがコツ！

② 銘柄を選ぶ

はじめは知っている会社やニュースなどで興味を持った会社を調べてみよう！

③ 株を買う

景気や業界動向などを分析し、銘柄を選んだら、チャート分析で絶好の買いタイミングをうかがう！

④ 株を売る

欲をかきすぎるのは厳禁。ここぞというタイミングで売って利益確定しよう！

魅力 3 配当＋優待のW《ダブル》ボーナスも！

配当 会社に利益が出た場合、その一部を配当としてもらうことができる

株主優待

商品券や割引券、お米……。
なかには花火大会の招待券など面白い優待も

※株主優待を行っていない会社もあるので、株を買う前にチェックしておこう！

より、はるかに高利回りです。

しかも株では、銀行の定期預金と違い、1日で10％の利益を得られることも珍しくありません。

値上がり益以外の儲け

株の魅力には配当（28ページ参照）と株主優待（30ページ参照）もあります。これらは会社が株主に利益の一部を還元するものです。配当に、さらに株主優待分が加われば、実質配当利回りは、より高くなり、ありがたみが増します。

配当では1株当たり定額が、会社から株主に現金で配られ、株主優待では自社商品などの「オマケ」がもらえます。

株は、値上がり益以外でも儲けることができるのです！

儲けるだけが株じゃない！

利点1 株は何よりわかりやすい！

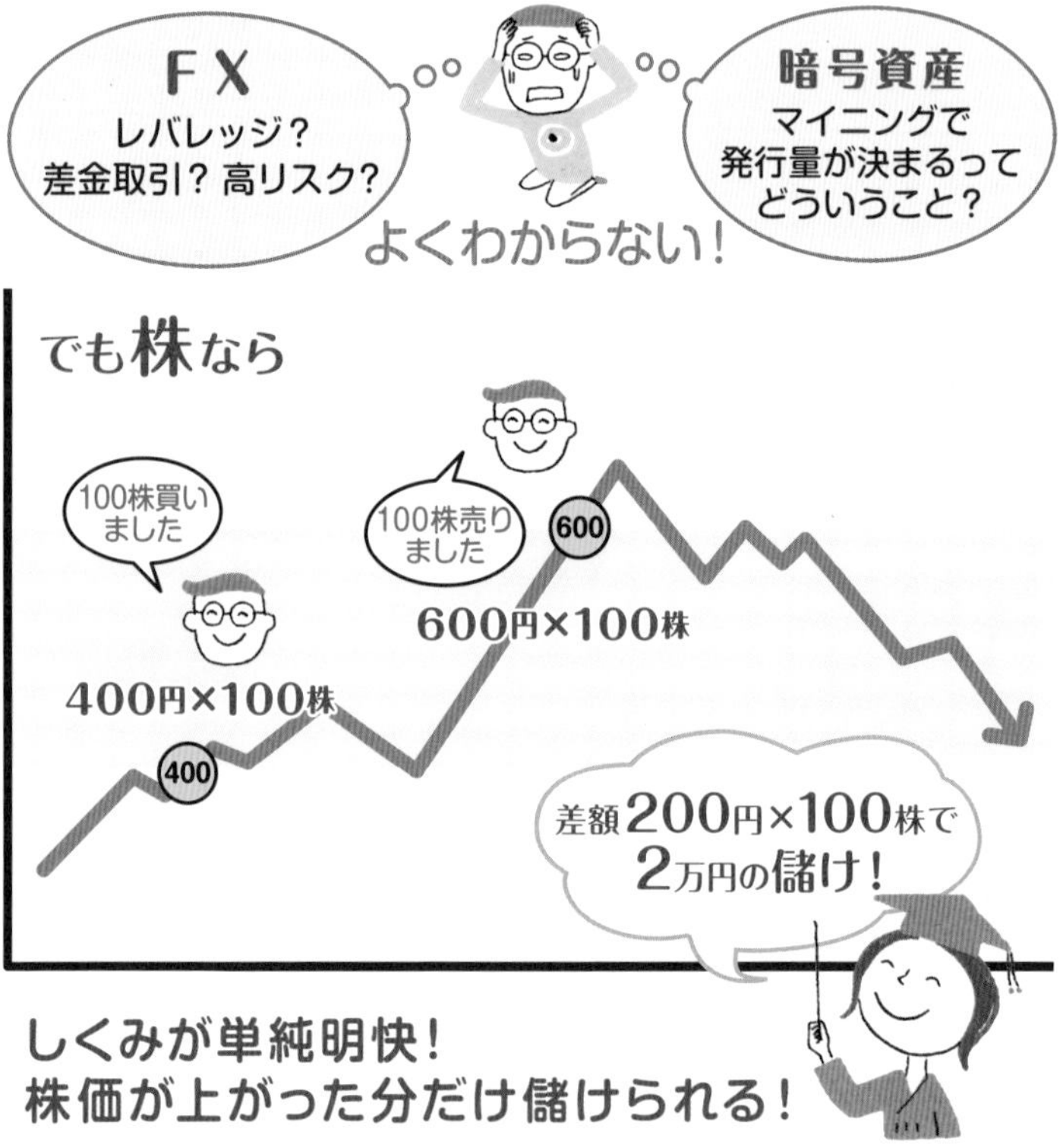
FX
レバレッジ？
差金取引？ 高リスク？
暗号資産
マイニングで
発行量が決まるって
どういうこと？
よくわからない！
でも株なら
100株買い
ました
400円×100株
400
100株売り
ました
600
600円×100株
差額200円×100株で
2万円の儲け！

しくみが単純明快！
株価が上がった分だけ儲けられる！

しくみ自体がカンタン

金融商品は、株以外にもいろいろあります。たとえばビットコインはマイニングという作業の対価として価値を持たせた暗号資産ですが、投資初心者には概念が理解しづらく、取引のしくみも複雑です。

一方、株取引のしくみはいたってシンプルで、基本的に買った値段より、値上がりしたときに売れば利益が出ます。また、株の値動きもネットでカンタンに見られるので、投資に不慣れな人でも始めやすい取引といえるでしょう。

利点 2
ギャンブルとは違う

いけ〜!
ハズレたらつぎ込んだお金はゼロに!!

でも**株**なら

よしよし。大丈夫
down

株価が下がり、損することはあっても、つぎ込んだお金がゼロになることはほぼない

利点 3
社会に貢献できる

セッセ
セッセ

経営に参加

がんばれ〜

- 会社のオーナーとなる
- 株を買うことで会社の経営活動を支える

世の中で役立つ製品やサービスを生み出す企業を応援することで、社会に参加できる

ギャンブルと違い社会とかかわれる

「株はギャンブル」という人もいます。たしかに投資したお金が増減する点ではよく似ています。また、一発大儲けを狙い、ギャンブル感覚で売買する人もいます。しかし、ギャンブルは娯楽であり、負けると一瞬にしてお金が消えてしまいます。その点、株は会社が倒産しない限り、お金がなくなることはありません。

また、社会とのかかわり方も大きな違いです。宝くじなどの収益金が社会活動に使われるといった点を除けば、ギャンブルに社会性は薄いのです。一方、株は会社経営に参加することで、経済活動にも大きく貢献できます。

初心者におすすめな株はコレ！

始めたばかり

- 身近な会社
- 業績の良い会社
- 比較的安定した会社

自分が愛用している商品や利用しているサービスなどを提供している会社から探そう！　また、ニュースや決算書などで業績の良さそうな会社もチェックしてみよう

景気に左右されにくく、比較的安定した食品メーカーや電鉄などの会社の株を買ってみよう。これらの会社は株主優待も手厚いところが多いのでおすすめ

これから業績が良くなる会社

　初心者であれば「どんな銘柄を買えばいい？」と頭を悩ますことでしょう。まずは、業績の良い銘柄を選ぶことが投資の基本スタンスです。ただ、今期の業績が良くても、なかにはすでに株価が上がってしまっている銘柄もあります。いま業績が悪くても来期以降、業績が良くなりそうな銘柄を選ぶことも大切です。

　業績が悪ければ株価も低水準にあるので、そこから大きく値を下げるリスクも小さいはずです。

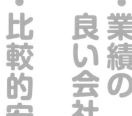

銘柄選びはPART3でも詳しく紹介しています！

経験を積む

・業績の伸びそうな会社

これからやるぞ〜

環境分野など、これから注目される産業の会社をチェック。また、今期は業績不振だが、事業内容などから来期以降に伸びる可能性を秘めた会社も合わせて探してみよう

・ツレ安している会社

引っぱらないで

業績が良いにもかかわらず、市場全体や業界トップ企業の株価下落につられて、安くなっている（ツレ安）銘柄を探してみよう！　業績さえ良ければ株価は上がるはず

不況にも強い業種は何？

値下がりリスクが小さい銘柄としては「ディフェンシブ・ストック」があります。

これは景気変動の影響を受けにくく、比較的安定した収益を上げる会社の株のこと。食品関連や薬品関連、インフラ関連の銘柄群などがそれです。

少し上達したら大きく値を下げた銘柄を狙ってみましょう。業績が悪いわけでなく、市況の悪化に「ツレ安」した銘柄がベストです。ただし「100円以下の銘柄は倒産リスクが高い」などの注意点もあります。

本編で詳しく紹介しているので、取引の参考にしてください。

長期投資で堅実に儲ける！

ワンポイント
会社の将来性に投資する！
毎日の値動きに一喜一憂しなくてOK!

会社の将来性を買う

株では、小さな利益をコツコツ積み上げる方法や「大化け株」でドカンと儲けを狙う方法など、それぞれの投資法があります。

ここではその代表例を紹介します。自分のスタイルを見つける参考にしてください。

長期投資は、じっくり株の値上がり益を狙う投資法です。その会社の成長を見守るという考えもあるので、目先の値動きにとらわれる必要はありません。

とはいえ、損をしないためのリスク管理も重要です。そこで初心者には、買っても値下がりしにくい銘柄がおすすめです。

目をつけるポイントは業績。とくに「現在」より「将来」の業績がいいかどうかを見極めることが必要です。

配当や優待も見よう

時流に沿ったビジネスを展開しているかもポイント。

また優待や配当など、株主還元が充実しているかもチェックしましょう。

株主還元は、会社の将来の業績に対する自信を示しているといえます。

長期投資で確実に利益をゲット！

①利回りで儲ける

銘柄を選ぶ際に、配当プラス株主優待での実質配当利回りをチェックしよう。５％を超える銘柄もめずらしくない！

▼

26 ～ 29ページ
を読もう！

②成長する会社を見つける

新聞や雑誌、ネットなどあらゆる情報を検証し、世の中の流れや会社の事業に注目。これから成長しそうな会社を探そう！

▼

PART 3
を熟読しよう！

③分散投資と少額取引

銘柄の分散も必要だが、初心者で売買のタイミングがよくわからない人は「るいとう」などで時間の分散も考えよう！

▼

122ページ
をチェック！

注意

❶長期投資といえどもチャート分析も慎重に！

❷株価は定期的にチェック。そのまま放置は危険！

短期投資で大きく儲ける！

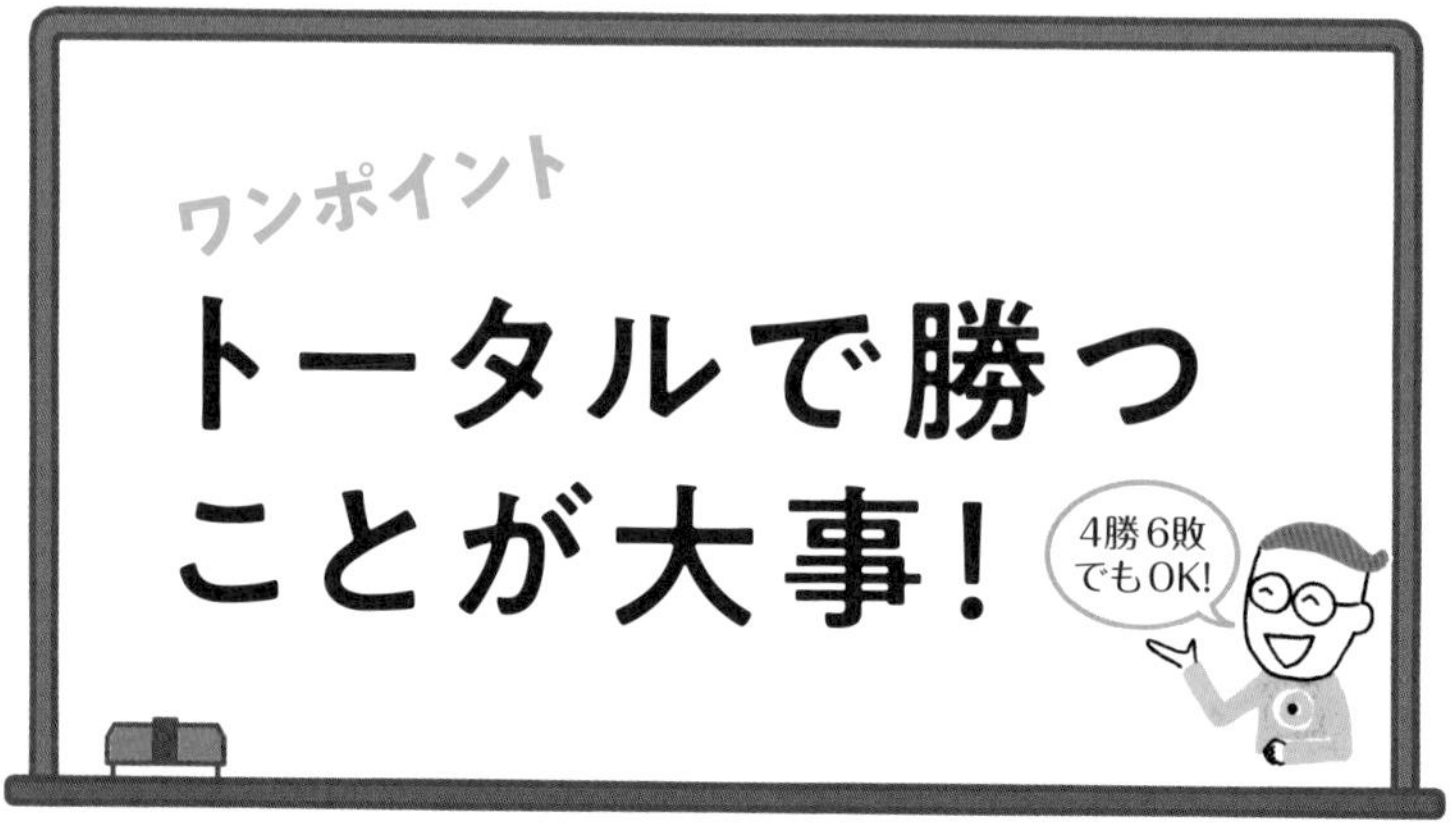
ワンポイント
トータルで勝つことが大事！
4勝6敗でもOK!

売買タイミングをつかむことが重要

短期投資は、短い期間で利益を狙います。そのため、長期投資のように周囲の経済状況や会社自体の業績の分析もある程度必要ですが、チャートを使い、売買のタイミングを慎重に見ることが、より重要になってきます。

とくに短期投資の代表例「デイトレード（デイトレ）」では、その度合いが強くなります。デイトレは、1日のうちに売り買いの決済を終わらせるので、一日中パソコンの前に張りついていなければいけません。

またこの場合、会社の業績や経済状況などはあまり意味をなしません。何よりもいまの値動きを重視するため、参考にするツールも短期のチャートが中心です。

失敗も次で取り返せばOK

短期投資では、取引を繰り返して、小さい利益を数多く積み上げるのが王道です。

取引が増えれば、失敗も出てきますが、「トータルで勝つ」と割りきって一喜一憂しないことが大切です。

短期投資で利益を追う方法！

❶ 3倍の資金で取引

信用取引を使えば、投資するお金の3倍もの取引が可能！
また、「空売り」すれば下落中の銘柄でも利益が出せる

▼

56～59ページ
を読もう！

❷ チャート重視

株取引では、企業の業績も大事だが、短期投資では、とにかくチャート分析で売買タイミングを計り、利益を上げていこう！

▼

PART 4
を熟読しよう！

❸ こまめに取引

デイトレでも、2～10日間程度の取引でも、短期投資では1回の取引にこだわらず、「トータルで勝つ」を目標に！

▼

PART 5
を参考に！

⚠ 注意

❶売買にかかる取引手数料も計算に入れておく

❷１回の取引に一喜一憂しないよう心がける

株で成功する人 失敗する人

選ぶ

OK

情報
情報

- 目標をしっかり立てている
- 情報収集を怠らない
- 配当利回りなども計算する

NG

フムフム
うわさの

- 入手した情報を精査しない
- 他人の意見を鵜《う》呑《の》みにする

PART 1とPART 2で
株取引が何かをまずは理解

PART 3で
銘柄の選び方を知る

買う

OK

利益確定は この値段… 損切りは この値段

- 株を買ったあとのシナリオがある
- チャートで買いのタイミングを計る

NG

とにかく買っちゃえ!
クリック
クリック

- チャートも見ずに「なんとなく」買う

PART 4で
チャート分析をマスター

PART 5で
αのテクニックもマスター

保有中

OK

- 定期的に株価をチェックする
- さらなる情報収集を怠らない

NG

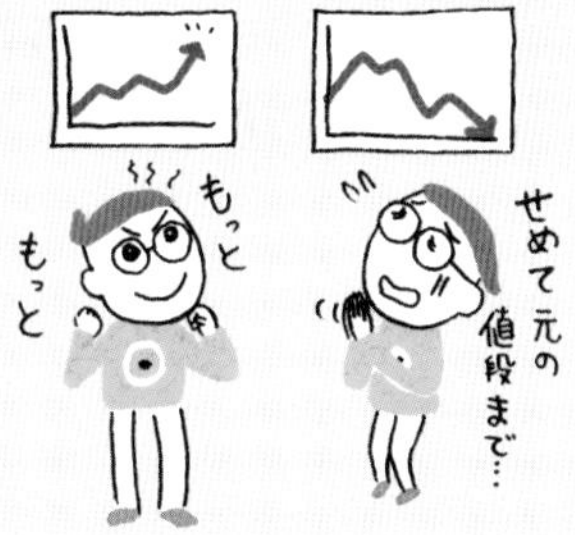

- 値動きだけに一喜一憂
- 欲をかきすぎて、冷静な判断ができない

売る

成功

- 利益確定、損切りの判断が的確にできる

売るに売れない

失敗

- 欲をかきすぎたため、売るタイミングを逃してしまう

この本で自分の投資スタイルを確立する！

PART 6 で
取引上でやってしまいがちなミスや注意事項を知っておく
PART 7 で
さらに知識を強化する

巻頭トピックス4

何が変わる? 新NISA①

新NISAが始まる!

新NISAはこれだけのメリットがある

メリット① 非課税投資枠が拡大された

2023年まで		新NISA
一般NISA	最大600万円	最大1800万円
つみたてNISA	最大800万円	

メリット② 非課税期間が無期限に

2023年まで		新NISA
一般NISA	5年間非課税	死ぬまで非課税
つみたてNISA	20年間非課税	

メリット③ 投資対象が広がった

2023年まで		新NISA
一般NISA	どちらか一方を選択	両方で運用できる
つみたてNISA		

利益への税金が免除

株式投資や投資信託で出た運用益や配当金には税金がかかります。この税制を優遇し国民の投資を促し、資産形成を後押しする目的で「少額投資非課税制度（NISA）」が設けられました。

このNISAは2024年1月から新しい制度に変わりました。制度が改正され、投資家にかなり有利になったのです。

制度が恒久化され無期限で運用できることになり、長期の資産形成にも使いやすく生まれ変わりました。

新NISAは無期限で運用可

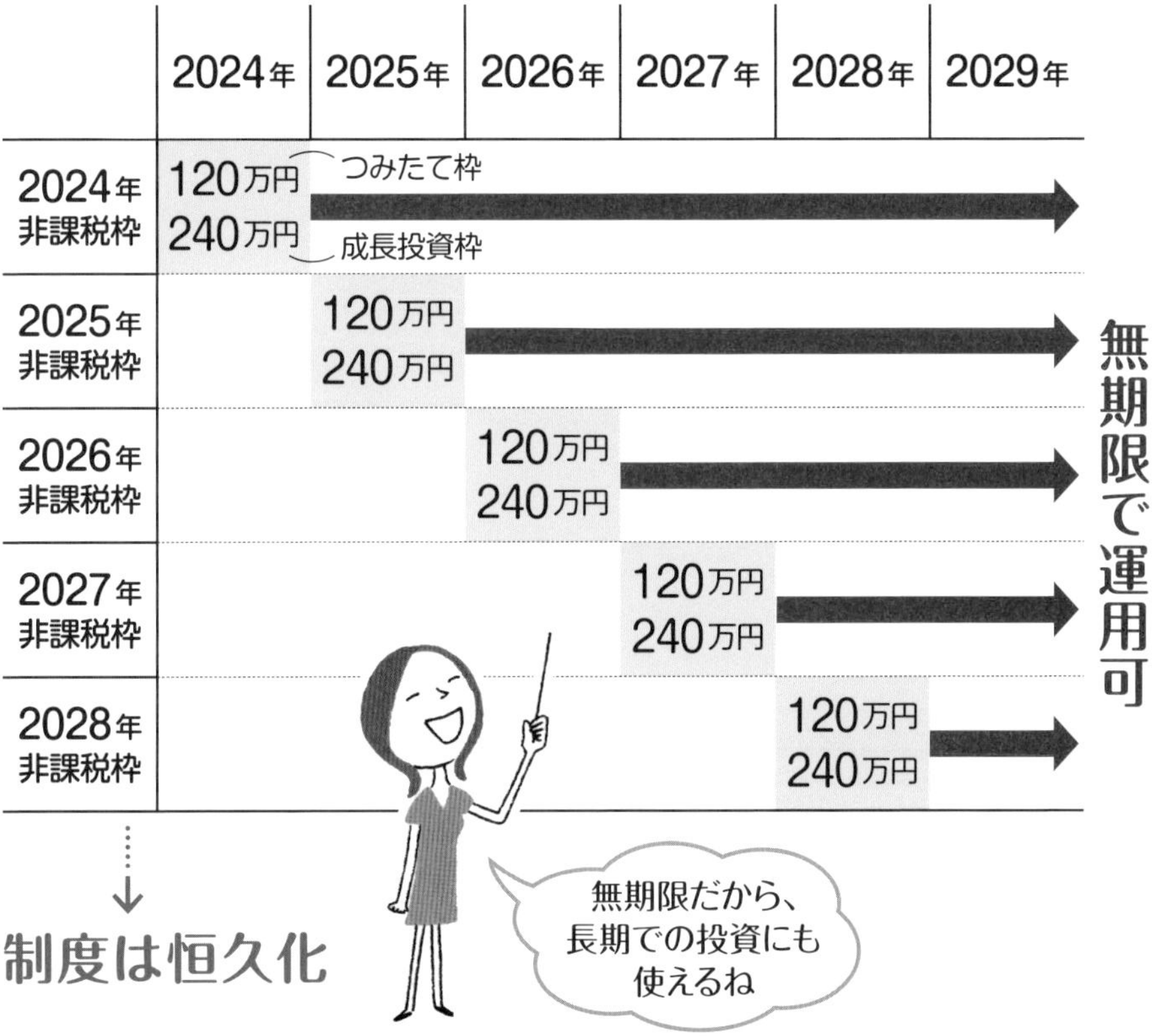

非課税枠が拡大された

２０２４年からスタートした**新ＮＩＳＡのいちばんの目玉は、非課税枠が拡大した点です**。旧一般ＮＩＳＡはあらたに「成長投資枠」として年間２４０万円、旧つみたてＮＩＳＡは「つみたて投資枠」として年間１２０万円が投資額上限と、枠が拡大されました。合計で年間３６０万円まで運用できます。

新ＮＩＳＡの最大非課税枠は１８００万円で、成長投資枠で利用できるのは、そのうち１２００万円までです。成長投資枠だけで使い切ることはできません。一方、非課税枠をつみたて投資枠だけで使うのは可能です。

旧NISAと新NISAはどこが違うのか？

旧NISAで持っていた株はどうなるの？

旧NISAでの保有商品は、非課税保有期間内なら非課税で保有・売却可能。ただし期間終了後、新制度へのロールオーバーはできません。

ジュニアNISAで投資した商品は、非課税保有期間終了後、18歳になるまで非課税で保有可能です。

つみたて枠と成長投資枠は銀行口座も分けられる？

新NISAでは、つみたて枠と成長投資枠の併用が可能ですが、別々の金融機関では管理できません。(年単位での金融機関変更は可能)

非課税枠が復活するってどういうこと？

株式を売却するとその分の非課税限度額が、翌年以降に再利用可能になります。非課税限度額は買った価格で管理されます。

無期限で運用が可能に

新ＮＩＳＡでは投資できる期間の上限が撤廃されました。生涯非課税限度額が設定されているのです。

また**非課税枠の金融資産を売却すると、売却分の非課税枠が、年間投資枠の範囲内で翌年以降復活します**。たとえば、成長投資枠を使って１００万円で購入した商品が値上がりして１２０万円で売却した場合、購入時の価格１００万円の非課税枠が復活し、翌年以降、新たな商品に投資できるようになります。

旧NISAと新NISAの違い

	新NISA（2024年～）	
	つみたて投資枠	成長投資枠
非課税保有期間	無期限化	無期限化
年間投資枠	120万円	240万円
非課税保有限度額	1800万円	
		（成長投資枠は1200万円まで）
口座開設期間	恒久化	恒久化
投資対象商品	長期投資に適した投資信託など（金融庁が認定） ※現行のつみたてNISA対象商品と同様	上場株式・上場投資信託（ETF）、上場REITなど ※整理・監理銘柄、信託期間20年未満、高レバレッジ型および毎月分配型の投資信託等を除外
対象年齢	国内在住の18歳以上	国内在住の18歳以上
非課税対象	分配金、譲渡益	譲渡益、配当金※、分配金

より有利な投資法は

新ＮＩＳＡの非課税枠を資産形成に活用するには、なるべく利幅を大きくとることです。

短期売買で小さな利益を積み上げるより、中長期で大きな利益をゲットするほうが有利です。

短期取引ならＩＰＯ（新規上場）銘柄などで一気に大きな利益を上げられるケースに限定しましょう。長期投資なら安定成長を続け、高配当を出す銘柄が有利といえます。

なお、つみたて投資枠、成長投資枠ともに、ＮＩＳＡを活用できる金融商品には制限があります。

新ＮＩＳＡは国民の投資意欲を高めるために設けられた制度。利用しない手はありません。

※配当の受取方式を「株式数比例配分方式」にした場合。他の方式では税金がかかる。

iDeCoと新NISAの上手な使い分け

iDeCoと新NISAの違い

iDeCo		新NISA（2024年～）	
		つみたて投資枠	成長投資枠
運用期間中	非課税保有期間	無期限化	
14万4000円～81万6000円※	年間投資枠	120万円	240万円
なし	非課税保有限度額	1800万円	（成長投資枠は1200万円まで）
元本保証型（定期預金、保険）投資信託、上場REITなど	投資対象商品	長期投資に適した投資信託など（金融庁が認定）	上場株式・上場投資信託（ETF）、上場REITなど
20歳～64歳	対象年齢	国内在住の18歳以上	
全額所得控除	掛金の所得控除	なし	
非課税	運用利益への課税	非課税	
退職所得控除（一時金受取の場合）	受取時の控除	所得税の対象外（非課税）	

※2024年12月から掛金上限の引き上げが行われる。

どっちがお得か考えよう

老後の資金を積み立てるiDeCo（個人型確定拠出年金）という制度があります。掛金を出し、自らが運用方法を選択。60歳以降に受け取るという制度です。NISA同様、運用益が非課税になるほか、所得税、住民税の負担が軽減できるメリットがあります。

NISAとは節税という共通点もありますが、運用期間や選べる金融商品、換金できる時期などが異なります。

それぞれのメリットを考慮しながらうまく併用しましょう。

あなたはどっちを使うべき？

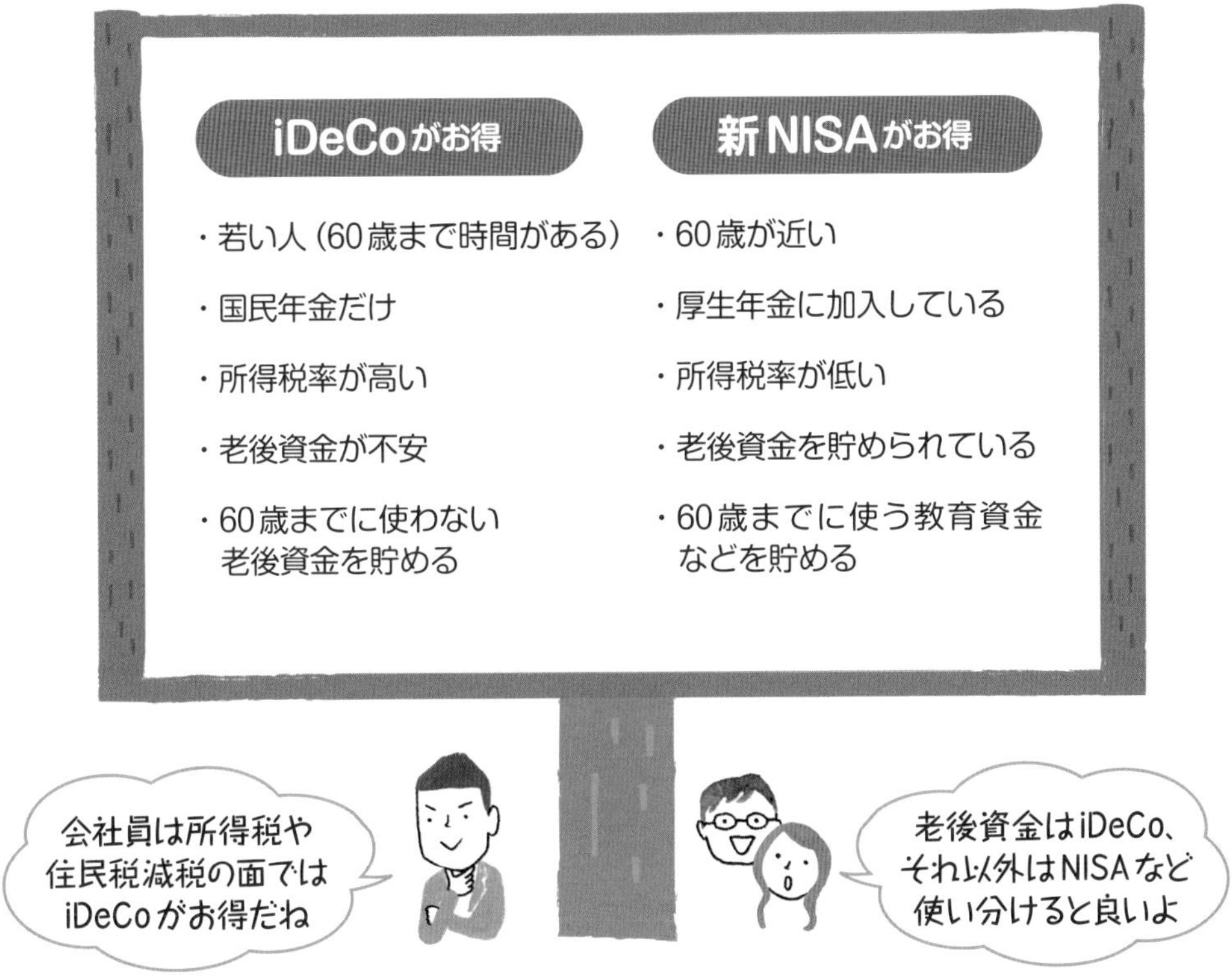
iDeCoがお得
・若い人（60歳まで時間がある）
・国民年金だけ
・所得税率が高い
・老後資金が不安
・60歳までに使わない老後資金を貯める
新NISAがお得
・60歳が近い
・厚生年金に加入している
・所得税率が低い
・老後資金を貯められている
・60歳までに使う教育資金などを貯める
会社員は所得税や住民税減税の面ではiDeCoがお得だね
老後資金はiDeCo、それ以外はNISAなど使い分けると良いよ

組み合わせて使う

ＮＩＳＡとｉＤｅＣｏのどちらを活用するか選択するときには、まず運用した資金を使う時期を考慮します。

ｉＤｅＣｏは原則60歳以上での受け取りになるので、教育費などその前に使う予定のある資金は、ＮＩＳＡで運用する必要があります。

節税効果だけでいえば、運用益の他に、掛金の分の所得税や住民税が軽減されるｉＤｅＣｏのほうが高いので、税率の高い高所得者はｉＤｅＣｏに重きを置くようにします。

なお、２０２４年12月からは掛金上限が拡大します。

巻頭トピックス

トピックス❶ そうだったのか、株!

宇宙最速!? 15秒の株講座……2

トピックス❷ だから株が面白い

なんてったって魅力がいっぱい!……4

儲けるだけが株じゃない!……6

初心者におすすめな株はコレ!……8

トピックス❸ スタイル別の楽しみ方

長期投資で堅実に儲ける!……10

短期投資で大きく儲ける!……12

株で成功する人 失敗する人……14

トピックス❹ 何が変わる? 新NISA

新NISAが始まる!……12

旧NISAと新NISAはどこが違うのか?……18

iDeCoと新NISAの上手な使い分け……20

PART 1 基礎の基礎 株のこと、これだけわかれば大丈夫!

01 株式投資、きほんの「き」
株って、そもそもどんなもの?……26

02 株の儲けのしくみ①
3通りの方法で稼げる!……28

03 株の儲けのしくみ②
株式投資には「オマケ」がある……30

04 株価の上げ下げのしくみ
株の値段が高くなる理由《ワケ》は?……32

05 証券会社のしくみ
どこで売り買いしたらいいの?……34

06 株価や銘柄を調べる
基本情報はネットでラクに手に入る……36

● 株の基本[まとめ]……38

PART 2 超カンタン! 実際に株を買ってみよう

01 投資スタイルを決める
自分に合ったスタイルを決めよう……40

02 投資スタイルに合った株はどれ?
株はその特徴でグループ分けできる……42

03 ネットを使えばカンタン
いざ口座を開設!……44

04 株を買ってみよう!
肝心なのは「いくらで買うか」……48

05 いつ売り買いできる?
注文できる時間、取引できる時間がある!……52

06 利益を確定する
売り注文を出してみよう!……54

07 信用取引で売り買いする
お金が少なくても取引できる!……56

08 取引の「怖さ」も知っておこう
信用取引のコストとリスクは!?……58

09 資金が少なくてもOK!
「単元未満株」から始める……60

● 株の買い方[まとめ]……62

CONTENTS

PART 3 必ず見つかる！いい株の選び方

01 銘柄の選び方
どの株が「買い」？判断材料は何？……64

02 身の回りの判断材料
まずは身近なところから情報を！……68

03 大きなトレンドをつかむ
マクロな視点で見えてくる注目銘柄……70

04 企業の情報を知る
ホームページから企業の経営方針を知ろう……72

05 会社の業績の読み方
決算短信をチェックする……74

06 「現在」より「未来」を見る
赤字から黒字に転換する会社を狙う……76

07 事例で確認
予想外の修正発表で株価は大きく動く……78

08 世界に目を向ける
海外市場の動向を確認！……80

09 「円高」と株価の関係
為替の動きをチェック！……82

10 重要指標①
PER＝割安度を利益から判断
買おうとしている会社の株価はおトク？……84

11 重要指標②
PBR＝割安度を資産から判断
会社が解散したときの株主の取り分……86

12 重要指標③
ROE＝割安度を経営効率から判断
株主資本が有効に使われているか……88

13 景気が株価を動かす
この経済指標を見逃すな！……90

● 株の選び方［まとめ］……92

PART 4 チャートで分析！絶好の売買タイミングを知る

01 株価の水準を測る
チャートで売買のタイミングを計る！……94

02 チャートの見方
ローソク足の読み方と活用法……96

03 ローソク足の種類
これが5つの基本パターン！……98

04 相場の大きな流れをつかむ
「トレンドライン」で好機を見つける……102

05 いつまでも上がり続けることはない
トレンドが変わる瞬間を見逃すな！……104

06 「保ち合い」と「保ち合い放れ」
株価が動かなかったらどうする!?……106

07 株価の大きな流れがわかる
「移動平均線」でトレンドを見る……108

08 買い場と売り場が一目瞭然
「ゴールデンクロス」と「デッドクロス」……110

09 今の株価は「買われすぎ？」「売られすぎ？」
過熱感で相場の転換点を探る……112

● 売買のタイミング［まとめ］……114

PART 5 さらにトクする！ +α《プラスアルファ》のテクニック

01 あらゆる事態を想定しよう
買う前に「シナリオ」を作るのがコツ！……116

02 分散投資のすすめ
リスクをできるだけ減らすには……118

03 「損切り」か「ナンピン買い」か
もしも買った株が値下がりしたら……120

04 買うタイミングも分散する
ドル・コスト平均法で時間を分散……122

05 「順張り」か「逆張り」か
上げ相場と下げ相場での買い分け方……124

06 出来高と株価の関係
出来高増で株価はどうなる？……126

07 2番手銘柄を狙う！
出遅れ銘柄、ツレ安銘柄を探そう！……128

08 万が一に備えて知っておきたい
大災害や金融危機が起こったら？……130

●得するテクニック［まとめ］……132

PART 6 要注意！ やってはいけない投資法

01 ダメダメな投資法
損をするには理由《ワケ》がある！……134

02 ボロ株には手を出すな！
安い株には安いなりの理由《ワケ》がある！……136

03 やりがちな犯罪行為
これって、インサイダー取引!?……138

04 根拠のない情報は×
噂には惑わされるな！……140

05 「失敗例から学ぶ」①
優待目当てで株を買ってみたものの……142

06 「失敗例から学ぶ」②
「まだ上がる！」が命取りに……144

●要注意の投資法［まとめ］……146

PART 7 使える！ 役立つ！ ココで差がつく基礎知識

01 確定申告と節税
株で利益が出たら税金を払う……148

知ってトクする用語集……150

先人に学ぶ株の格言……154

投資・株についてもっとよく知るためのブックリスト……158

INDEX……159

※投資は、あくまでご自分の判断で行ってください。本書掲載の情報にしたがったことによる損害については、いかなる場合も著者および発行元はその責任を負いません。
※本書掲載の情報は、2023年9月時点の各社HPによる情報で、変更や取りやめになる場合もあります。あらかじめご了承ください。

編集 アート・サプライ
デザイン・DTP アート・サプライ
イラスト 坂木浩子
校正 鷗来堂
画像提供 SBI証券、Yahoo!ファイナンス

基礎の基礎
株のこと、
これだけわかれば
大丈夫！

基本♪

株式投資、きほんの「き」

株って、そもそもどんなもの？

▼有望な会社の将来に投資する

株は、正式には株式といい「**株式会社が投資家から資金を集めたときに、資金と引き換えに発行する証書**」のことをいいます。

カンタンにいえば、会社が何か事業を起こすとなると、大きな資金が必要になります。その資金を投資家から集めたときに、お金を出してくれた人々に渡す証明書が株なのです。

▼一般の投資家が買えるのは上場企業の株

投資家は、資金を出すことで会社が上げた利益の一部を還元してもらうことができます。会社が発行する株を購入した投資家を、とくに「株主」といいます。株主とはいわば**会社のオーナーのことで、たとえ1株でも買えば、その会社のオーナーの一人になれるのです。**

もし大量の資金を必要とする会社なら、それこそ不特定多数の投資家からお金を集めなければなりません。そうなると知り合いを頼るだけでは限界があるので、たくさんの人に会社のことを知ってもらい、出資してもらうようにします。

大勢の投資家たちが株を売買するところを証券取引所といい「株を買いたい人」「売りたい人」が集まり市場を形成します。テレビなどでよく耳にする「東証」がまさにこれです。証券取引所で取引できる株を発行する企業を上場企業といい、一般の投資家が未上場企業の株を買うことはできません。

コラム 株の歴史って？

世界で初の株式会社は1602年に創立されたオランダの東インド会社。当時は船が航海に出るたびに出資者を募っていた。しかし船が沈没すれば出資金はパー。そこで航海の失敗のリスクを軽減しつつ、多くの人から効率よく資金を集めるために株というシステムが考案された。

会社がお金を集める方法

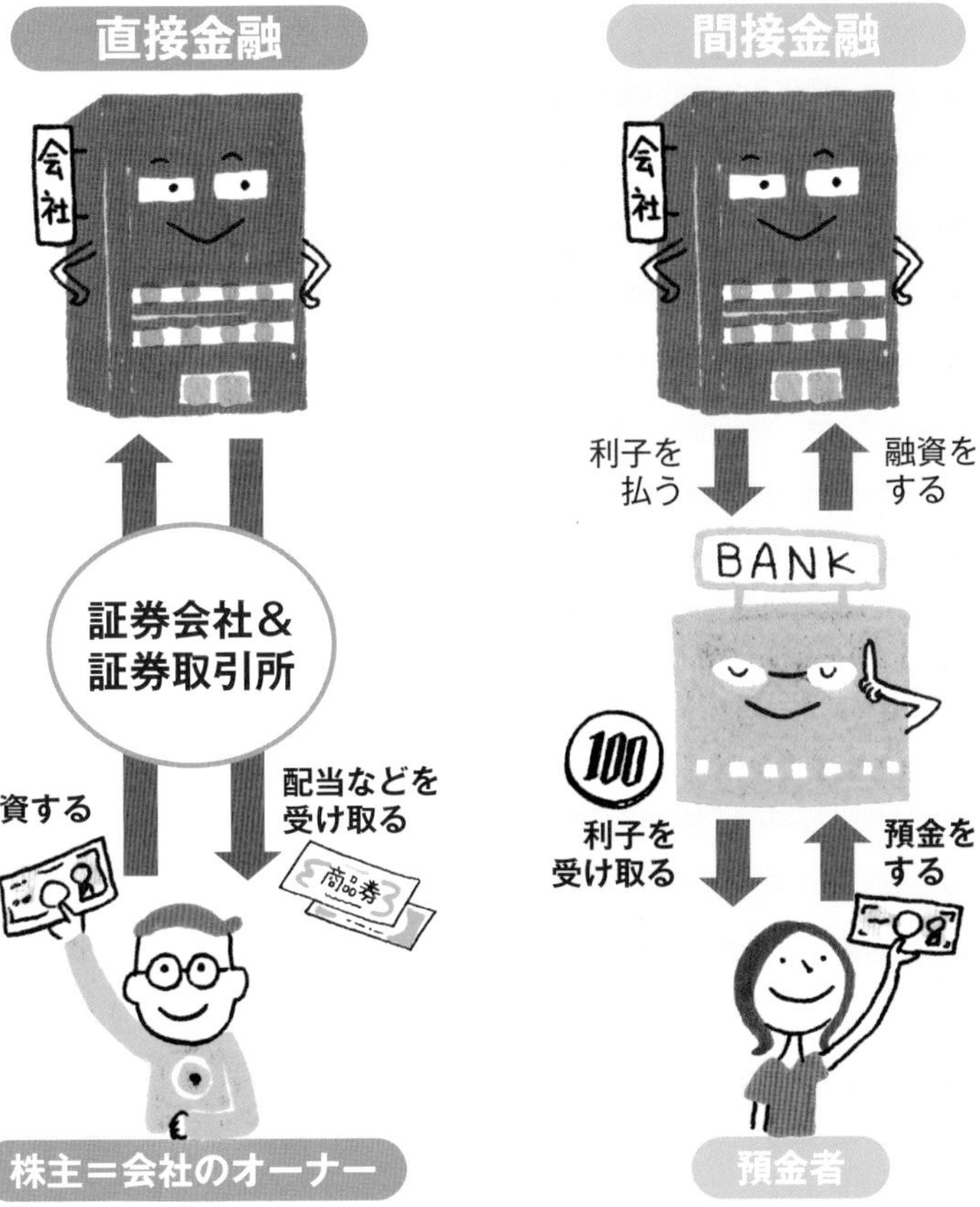

●株主の権利

利益の一部を受け取る

株主優待制度がない会社もあるので事前にチェックしよう!

株主総会に参加できる

会社のオーナーとして参加。経営方針が聞けたり、発言できたりする

◀ NEXT　3通りの方法で稼げる!

3通りの方法で稼げる！

その1　値上がり益で儲ける

投資家は株を持つことで利益が得られますが、それには大きく3つの方法があります。

一つは「**値上がり益（キャピタル・ゲイン）**」です。買った株が値上がりしたときに売れば、その値上がり分が儲けとなります。

投資家の多くは、この「値上がり益」を目的に株を売り買いします。

その2　業績に応じた利益で儲ける

さらに株主には、会社が得た利益の一部が還元されます。これが「**配当（インカム・ゲイン）**」です。

値上がり益が、持っている株の10％、50％といった大きな利益を狙えるのに対し、配当は2～3％程度です。

しかし、値上がり益は買った株が値上がりしなければ得られません。逆に、値下がりしてしまえば利益どころか損失を被るおそれもあります。

一方で配当は、会社の利益が大きく膨らめば増え（**増配**）、逆に業績が悪くなれば、減り（**減配**）はしますが、比較的**着実に利益を得られる方法といえるでしょう。**

ただ、注意しなければならないのは、すべての銘柄で配当があるとは限らないことです。たとえば、会社の業績が悪くなりすぎると、配当そのものがなくなってしまう（**無配**）ケースもあります。

コラム　配当のない会社

配当のない会社をとくに無配会社という。赤字企業に多く、株価も低いことが多い。しかしなかには利益が出ているのに配当がない企業もある。こうした企業は上場して間もない会社に多い。利益を株主に還元するのではなく、次なる成長に向けての投資に使う必要があるためだ。

投資の目的は何？

●値上がり益を狙う

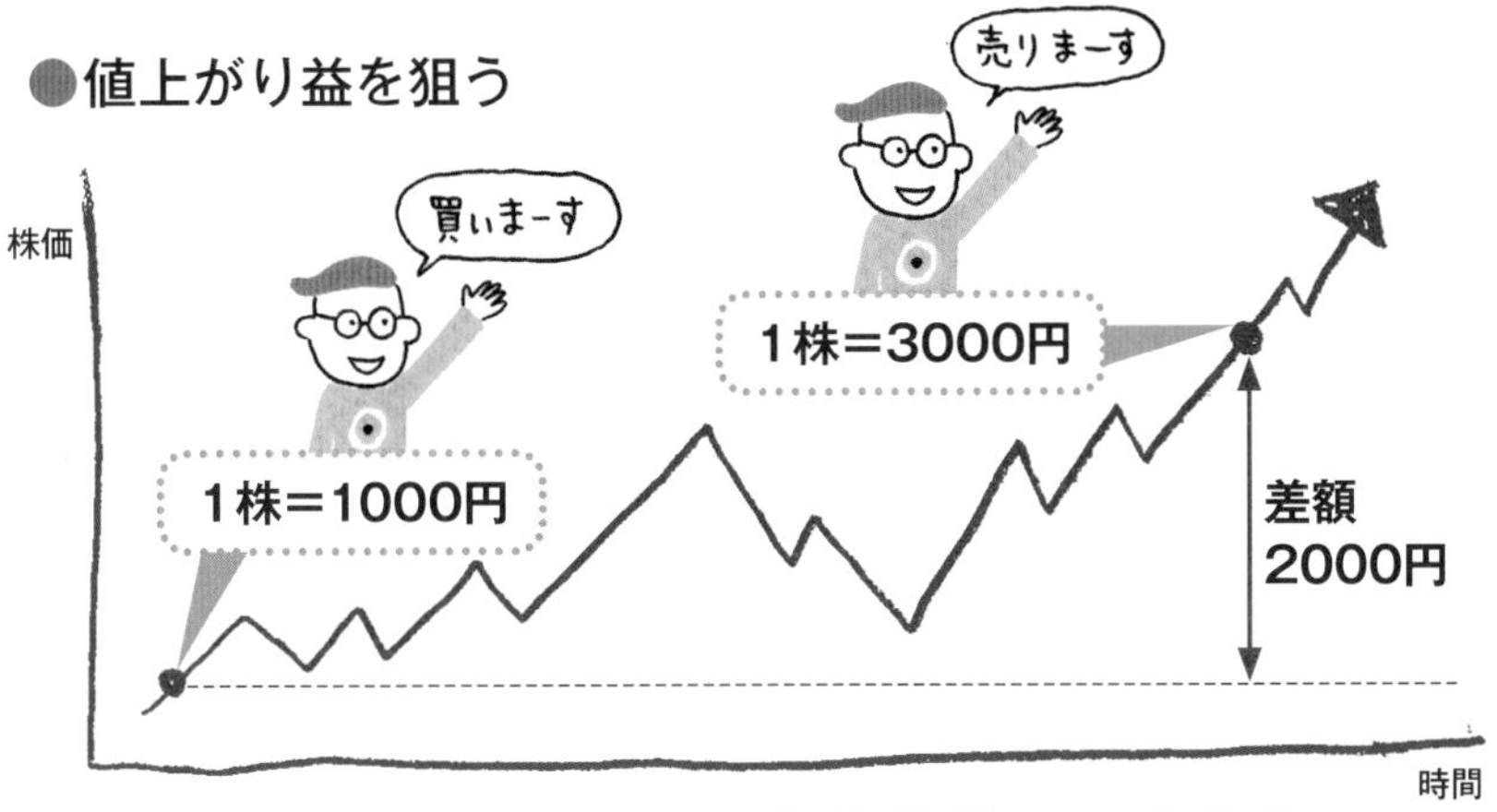

100株持っていれば ▶ **2000円×100株**

20万円の儲け

安い値段で買い、高い値段で売る！

●配当をもらう

売上

利益　　経費

会社は利益の一部を株主に還元！

株の儲けのしくみ②

株式投資には「オマケ」がある

▼その3 プレゼントで儲ける

株には、値上がり益と配当による儲けのほかに「**株主優待**」というオマケもついてきます。これは配当と同じく、株を持っている人（＝株主）に対し、会社の利益を還元する一つの制度です。

具体的には、レストランチェーンなら食事券、食品メーカーや飲料メーカーなら自社製品、映画会社なら映画の鑑賞券など、その会社の製品や、あるいは割引券などがもらえます。

オマケといっても現金に換算すると、かなり高利回りの銘柄もあります。配当に株主優待を加えた実質配当利回りが5％を超える銘柄も珍しくありません。

▼どこで株主優待の内容を知るか

どの会社がどんな株主優待を行っているかは、Ｙａｈｏｏ！ファイナンスなどでカンタンに確認できます。

また、株主優待を受けるには、会社の権利確定日に株主であることが必要となります。権利確定日の2営業日前（**権利付き最終日**）までに株を買う必要があるのです。

また、株主優待や配当狙いで注意しなければならないのは、**権利確定日前は株価が高くなる傾向にある**ことです。せっかく株主優待や配当をもらっても、権利確定日後に値が下がり、それ以上の売却損が出てしまっては意味がありません。

コラム　株式優待目当ての株式投資

株式優待も立派なリターン。株主優待目当ての投資法も理にかなっている。ただし、そのリターン以上に値下がり損が生じてしまっては意味がない。基本スタンスを長期投資として、下値リスクの小さい（値下がりしにくい）銘柄を選ぼう。

優待を上手く使えば、配当を超える利回りも

●1株1000円のときに100株買った場合(元手10万円)

配当金	配当利回り	優待割引	実質利回り
36円×100株	3600円÷10万円	4%オフ 30万円分購入	15600円÷10万円
＝3600円	＝3.6%	＝12000円お得	＝15.6%

●配当・株主優待を受け取るには?

この日に株を売ってしまっても配当や株主優待はもらえる!

25日	26日	27日	28日	29日	30日	31日
(火)	(水)	(木)	(金)	(土)	(日)	(月)
		権利付き最終日	権利落ち日	非営業日	非営業日	権利確定日
		②	①			

決算日

この日に株を買っておく!

2営業日前を忘れずに!!

※土日をはさまない場合は単純に2日前

◀ NEXT　株の値段が高くなる理由《ワケ》は?

株価の上げ下げのしくみ

株の値段が高くなる理由《ワケ》は？

▼「値上がり益」が株の大きな魅力

株の値段をとくに株価といいますが、株価はつねに一定ではありません。株価は、株を「買いたい」人が多ければ上がり、「売りたい」人が増えれば、下がります。

では実際に、どのようなときに株価が動きやすいのかを見ていきましょう。まず一番の要因は、**会社の業績の良し悪しです**。業績が上がれば、企業からの配当などのリターンに期待が膨らみ、投資家の人気を集めることになります。逆に、業績が下がれば投資先としての魅力が薄れてしまい、株価は下落することになります。

また、**業績に関係してくるのが新製品（サービス）の発表など**です。**製造業などは工場新設も事業を拡大させるための手段となるので、一つの判断基準となります。**

これら会社の業績に関することは、ネットやテレビなどのニュースでチェックするよう習慣づけましょう。

▼経済環境が良くなれば株価は上がる

もちろん、業績だけでなく、会社を取り巻く経済や政治の状況も株価に影響を与えます。株価は一般に、景気が良くなれば上がり、悪くなれば下がります。

ＰＡＲＴ３で詳しく紹介しますが、景気の良し悪しを判断するには、政府や日銀が発表するさまざまな指標のチェックも有効です。

コラム　大化け株はどれくらいある？

株価が10倍（テンバガー）にも膨れ上がる「大化け株」は毎年必ず出てくる。ところが実際には、その利益を手にすることは難しい。ある程度値上がりした段階で利益確定するのが投資の王道だからだ。初心者はあまり欲をかかず、コツコツ稼ごう。

株価が上下するのはどうして?

●株の売り買いで値段が決まる

買います!
売りまーす
売買成立

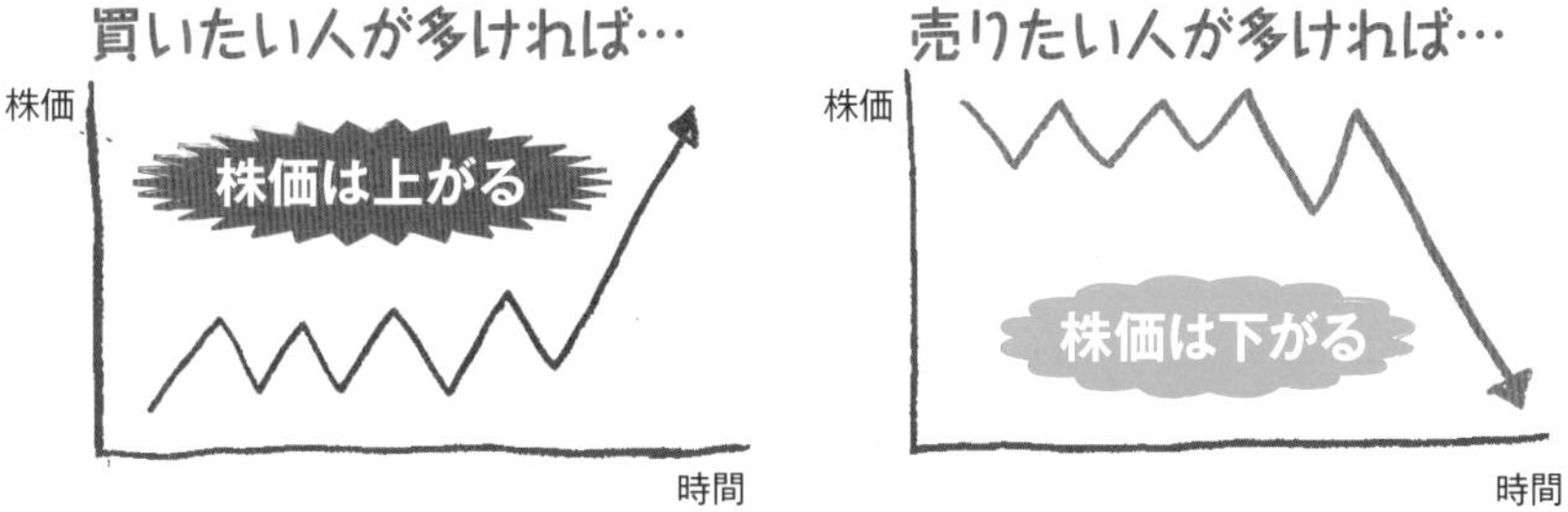
買いたい人が多ければ…
株価
株価は上がる
時間
売りたい人が多ければ…
株価
株価は下がる
時間

●株価に影響を与える要因

世の中の景気

景気の良し悪しは、政府や日銀発表の経済指標を見るほか、世の中の雰囲気をじかに感じることでわかる（68ページ参照）

GDP

新製品の開発や生産の拡充

会社が環境対応車やエコ家電、新薬開発など、新たな商品の開発・販売を発表したときは株価も反応。生産ラインの拡充なども好材料となる

業績好調

会社が四半期ごとに発表する決算短信や業績予想に注目。当初の予想を上回るような上方修正などがあれば、株価が上がることが多い（74ページ参照）

伸びてます

増配や復配

会社が配当を増やしたり（増配）、業績不振で配当の支払いをやめていた会社が配当を復活させたり（復配）した場合、その会社の株に人気が集まる

配当増やします

◀ NEXT　どこで売り買いしたらいいの?

05

証券会社のしくみ

どこで売り買いしたらいいの？

▼証券会社が行っている業務

株はそれぞれの会社が発行しますが、一般の人が会社から株を直接買うことはできません。**株は金融庁に登録された証券会社を通して売り買いされます。**

株を買いたい人は証券会社に「**買い注文**」を出します。その注文は市場である証券取引所に出され、そこで取引が行われます。株を売りたい人も同じように証券会社を通して「**売り注文**」を出し、取引されます。

▼自分に合った証券会社を選ぶ

証券会社には、海外でも投資銀行業務を展開する大手証券会社や個人投資家向けに力を入れる準大手・中堅証券会社、そしてネット取引に特化したネット証券など、いろいろなタイプがあります。

近年はネット証券会社の競争が激しく、手数料にはさほど大きな違いはありません。

一方で、**AIを使って投資相談ができる「ロボアドバイザー」、PFM（Personal Financial Management：金融機関の口座情報を集約し、一括で管理するソフト）、各種取引アプリなどで、サービスの差別化を図っています。**

取引の頻度や投資スタイルによって、向き不向きもあります。どの会社も口座開設は無料なので、複数の会社を試してみて、使い勝手を比較するのもよいでしょう。

証券会社を選ぶコツ！ 取引手数料と出入金

楽天証券、SBI証券以外の証券会社では取引金額により手数料が変わるので、株で使う資金や1回に取引する額などを想定し、どこの手数料が安いかを比較しておこう。また、取引口座のお金の出し入れが、パソコンやスマートフォンからカンタンにできるかなどの利便性も要チェック。

証券会社を知ろう！

●株は証券会社を通して取引

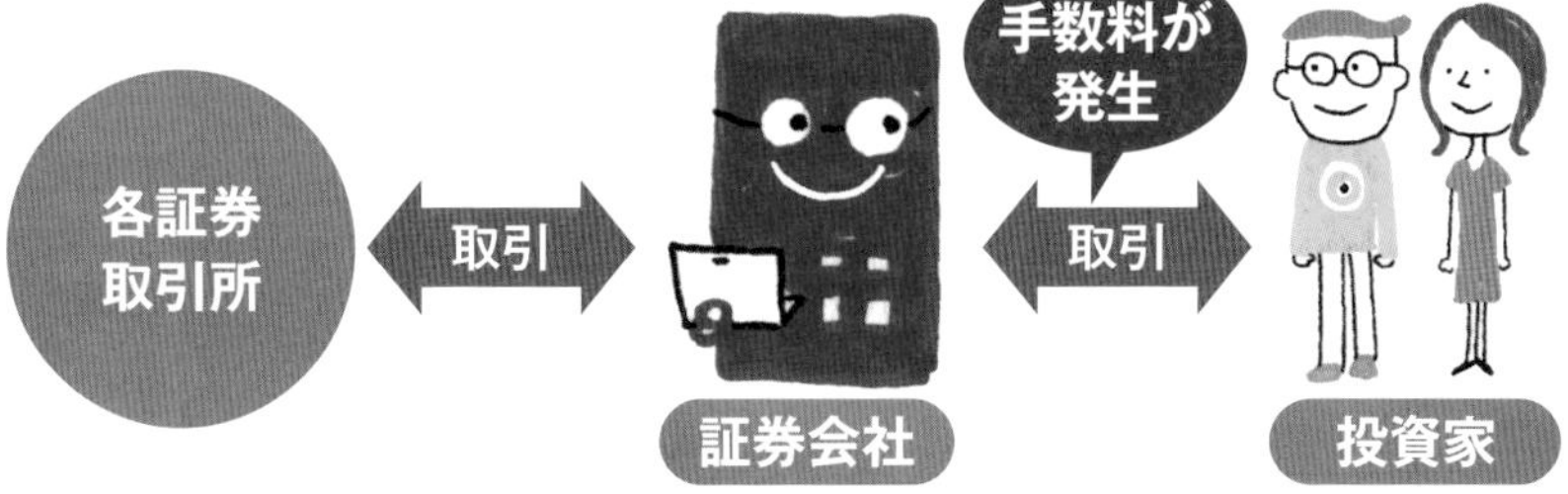
各証券
取引所
取引
証券会社
手数料が
発生
取引
投資家

●証券会社のチェックポイント

SBI証券と
楽天証券では
日本の株式売買手数料が
無料だよ※

- ☑手数料の料金体系（割安か）
- ☑取扱商品は豊富かどうか
  - ・投資信託／外国株／つみたて NISA 銘柄の取扱数
  - ・IPO（新規公開株）取扱数
- ☑ホームページやアプリの操作性はどうか
- ☑株式情報が見やすいか
- ☑利用できるポイントは日常的に貯めているものか
- ☑ロボアドバイザーや PFM(一括資産管理ソフト) などのサービスが充実しているか

いくつか口座開設してみて
操作性を確認してメイン口座を決めよう

※2023年10月から

◀ NEXT　基本情報はネットでラクに手に入る

株価や銘柄を調べる

基本情報はネットでラクに手に入る

▼投資サイトや証券会社のHPで調べる

投資家が買える株は、日本の株だけでも4000銘柄近くあります。では、これだけの銘柄の株価をどうやってチェックすればいいのでしょう?

もっともポピュラーなのが、インターネットの総合情報サイトヤフー・ジャパンが運営する「Yahoo!ファイナンス」で、株価は一部の市場を除き、リアルタイムで表示され、値動きをチャート(グラフ)で確認できます。

とくに重点的に見ておきたいのが業績です。直近の業績に加え、将来の業績予想もチェックしましょう。

ほかにも前日の「値上がりランキング」「値下がりランキング」、割安度を示す指数も閲覧できます。

株主に還元される「配当」や「株主優待」も見ておきます。

▼4ケタの銘柄コードを知っておく

リアルタイムの株価チェックは、口座を開設している証券会社のHPでも閲覧できます。ネットでは株価だけでなく、さまざまな企業の情報を見ることもできます。

銘柄をチェックするときは、それぞれの「**銘柄コード**」を知っておくと便利です。銘柄コード(あるいは証券コード)はそれぞれの銘柄につけられた背番号のようなもので、4ケタの数字であらわされます。

コラム SNSやYouTubeは信用できる?

SNSやYouTubeで銘柄情報を流している投資家は多い。しかしその情報を鵜呑みにするのは危険。なかには購入した銘柄を紹介してフォロワーを煽り、株価を上昇させてから売り抜ける輩もいる。風説の流布で逮捕された人もいるので、信じすぎないように。

ネットでカンタンチェック！

Yahoo!ファイナンス

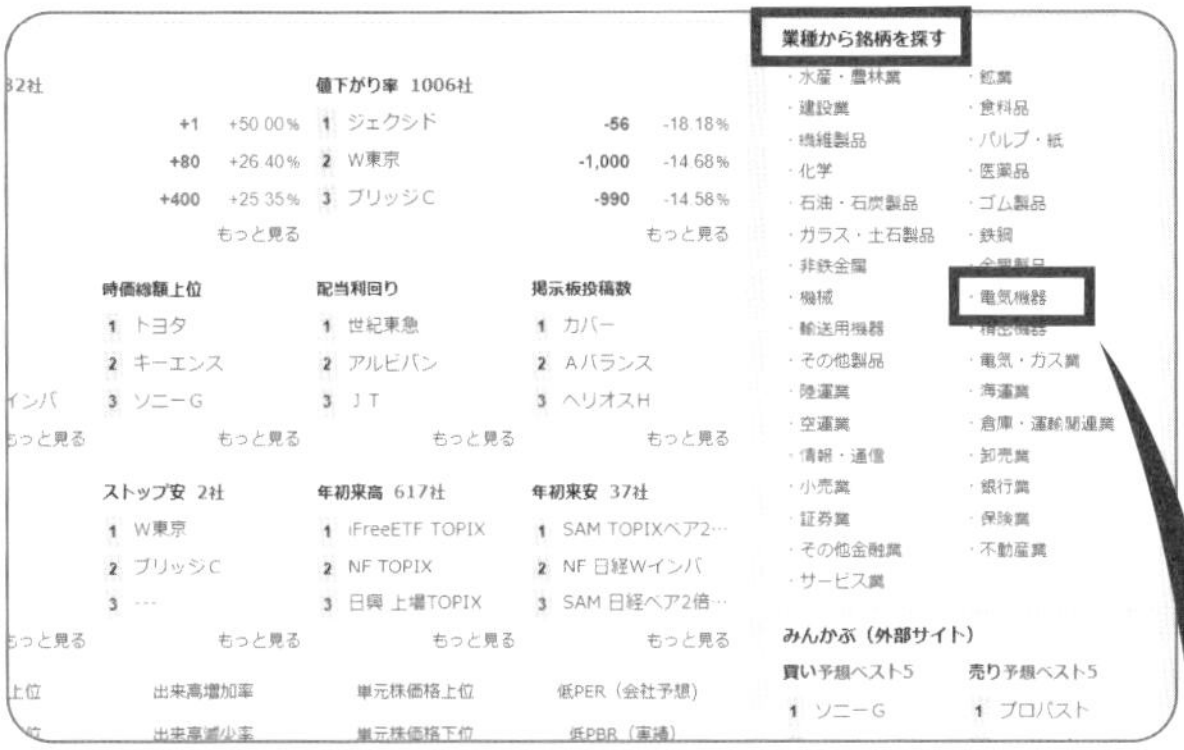
32社
+1 +50.00%
+80 +26.40%
+400 +25.35%
もっと見る

値下がり率 1006社
1 ジェクシド -56 -18.18%
2 W東京 -1,000 -14.68%
3 ブリッジC -990 -14.58%
もっと見る

インバ
もっと見る

時価総額上位
1 トヨタ
2 キーエンス
3 ソニーG
もっと見る

配当利回り
1 世紀東急
2 アルビバン
3 ＪＴ
もっと見る

掲示板投稿数
1 カバー
2 Aバランス
3 ヘリオスH
もっと見る

もっと見る

ストップ安 2社
1 W東京
2 ブリッジC
3 ···
もっと見る

年初来高 617社
1 iFreeETF TOPIX
2 NF TOPIX
3 日興 上場TOPIX
もっと見る

年初来安 37社
1 SAM TOPIXベア2···
2 NF 日経Wインバ
3 SAM 日経ベア2倍···
もっと見る

上位　出来高増加率　単元株価格上位　低PER（会社予想）
位　出来高減少率　単元株価格下位　低PBR（実績）

業種から銘柄を探す
・水産・農林業　・鉱業
・建設業　・食料品
・繊維製品　・パルプ・紙
・化学　・医薬品
・石油・石炭製品　・ゴム製品
・ガラス・土石製品　・鉄鋼
・非鉄金属　・金属製品
・機械　・電気機器
・輸送用機器　・精密機器
・その他製品　・電気・ガス業
・陸運業　・海運業
・空運業　・倉庫・運輸関連業
・情報・通信　・卸売業
・小売業　・銀行業
・証券業　・保険業
・その他金融業　・不動産業
・サービス業

みんかぶ（外部サイト）
買い予想ベスト5
1 ソニーG
売り予想ベスト5
1 プロパスト

「業種別で探す」のところで、
たとえば「電気機器」をクリックすると……

銘柄コード

株価

3105 東証PRM
日清紡ホールディングス(株)
1,208.5 +18.5 (+1.55%) 7/3
時価総額 204,469百万円
【特色】綿紡績名門。ブレーキ摩擦材はＭ＆Ａで世界トップ。半導体や防災無線も。不動産が安定収益源
チャート　時系列　ニュース　企業情報　掲示板　株主優待

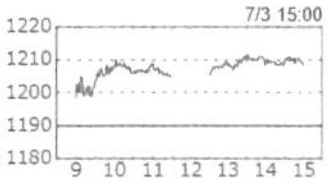

3856 東証STD
Ａｂａｌａｎｃｅ(株)
10,200 -490 (-4.58%) 7/3
時価総額 178,134百万円
【特色】ＩＴ創業後、建機商社ＷＷＢと株式交換。主力は太陽光発電。傘下にベトナム太陽光パネル会社
チャート　時系列　ニュース　企業情報　掲示板　株主優待

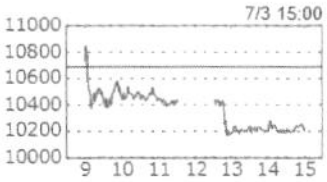

4062 東証PRM
イビデン(株)
8,411 +311 (+3.84%) 7/3
時価総額 1,184,778百万円
【特色】インテル向けＩＣパッケージが主力。プリント配線板も。商用車向け排ガスフィルターも大手
チャート　時系列　ニュース　企業情報　掲示板　株主優待

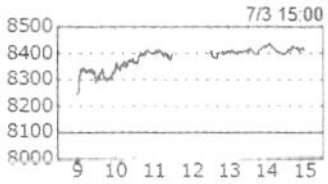

4902 東証PRM
コニカミノルタ(株)
498.7 +0.4 (+0.08%) 7/3
時価総額 250,679百万円
【特色】複合機中堅。関連サービスも展開。液晶ＴＡＣフィルム世界シェア３割。Ｘ線撮影装置（ＤＲ）も
チャート　時系列　ニュース　企業情報　掲示板　株主優待

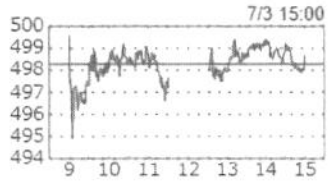

◀ NEXT 超カンタン！　実際に株を買ってみよう

PART1 株の基本
[まとめ]

□ **株式**とは資金を集めるときに会社が投資家に渡す証明書

□ 株では「値上がり益」「配当」「株主優待」の**3つの方法で稼げる**

□ **株の価格**は、買いたい人が増えれば上がり、売りたい人が増えれば下がる

□ **株価に影響を与える要因**には「会社の業績」「新製品の開発・生産の拡充」「世の中の景気」「増配や復配など配当の変化」などがある

□ **株は証券会社を通して売買する**。証券会社を選ぶときは、「手数料」「取扱商品の豊富さ」「ホームページやアプリの操作性」「サービス内容」などに注目する

□ **株価の情報**は、投資サイトや証券会社のページなど、ネットで手に入る

超カンタン！実際に株を買ってみよう

始め方

株式

投資スタイルを決める

自分に合ったスタイルを決めよう

▼資産形成の目標額を決める

投資を始める前に大切なのは、その目的を明確にすることです。ただ「お金を殖やしたい」と考えているだけでは、戦略も立てられません。

「マイホームの頭金を作る」「老後の資金を作っておきたい」などなるべく具体的に設定しましょう。

目的が固まったら「いつまでに〇万円の資産を作る」という期間と目標金額を定めます。具体的な目標から逆算することで、1年ごと、1か月ごとの目標利回りを割り出し、そこから自分に合った適切な投資スタイルがわかります。

▼長期・短期で使うツールが異なる

株式投資で成功する秘訣は、明確な投資スタイルを確立させることです。

取引には「**投資**」と「**投機**」があります。投資であれば会社の成長性に期待し、目先の株価の動きにとらわれず長期的に保有します。

一方の投機なら、短期的な「利ザヤ取り」に狙いを定めます。スキャルピングやデイトレード、スイングトレードで短期の売買を繰り返します（左図）。

長期投資と短期投資（投機）では分析ツールも違ってきます。長期投資ならファンダメンタルズ分析（PART3）、投機であればテクニカル分析（PART4）がメインになります。

コラム　長期保有と短期トレード、どっちが儲かる？

よく聞かれる質問だが、これは「その人によりけり」。その投資家の性格やライフスタイルによって向き不向きがある。短期売買で小さな利益を積み上げて成功する人もいるが、最初のうちは失敗しやすい。初心者が短期売買でいきなり成功するのはハードルが高い。

目標額を決めて、自分に合ったスタイルを知る

	目標	元手	毎月の貯金	期間	年利
 結婚資金を貯めたい	300万円	50万円	4万円	3年	22.8%
 マイホームの頭金に	500万円	100万円	5万円	5年	7%
 老後が不安	2000万円	200万円	3万円	30年	2%

A 年利20%以上を目指す→投機

短期で売買し利ザヤを稼ぐ

➡スキャルピング／デイトレード

B 年利7%を目指す

中期保有で売買

➡スイングトレード

C 年利2%を目指す

➡配当目当ての長期保有

株式

株はその特徴でグループ分けできる

投資スタイルに合った株はどれ？

▼流動性や時価総額で分けると……

株式はその特徴で分類できます。たとえば株の時価総額や流動性（流通量）を基準にすると大型株、中型株、小型株に分かれます。

大型株は、とくに時価総額や流動性が高い上位100銘柄を指します。**中型株**は上位400銘柄群、**小型株**はそれ以外になります。

大型株は知名度が高い企業が多く、安定感がある分、株価の大きな変動が少ないのが特徴です。投資資金が多く、安定した低利回りを目指す人にはおすすめです。一方、中小型株は、株価の変動が大きいのが特徴です。短期間で高い利回りを目指す人向きといえますが、リスクも高いことに注意しましょう。

▼成長性か割安株か

別の分類方法に「**グロース株**」「**バリュー株**」というものもあります。

グロース株は、将来の成長性に期待して買われている銘柄です。新興企業が多く、実際の利益に比べて、株価は高い水準にあります。

バリュー株は、安定した業績を上げているものの、将来的に大きな成長は望めないために、株価が低い位置に据え置かれた銘柄です。成熟企業が多く、配当が多いのも特徴です。

どちらに投資するのがいいのかは、状況によって異なります。グロース株は、市況によって価格が大きく上下します。逆にバリュー株は価格変動が少なく、配当益も見込めます。

コラム みんなどれくらい投資しているの？

証券投資に関する意識調査によれば、個人投資家の投資額は10万円以下から1000万円以上とさまざまで、一番多いのは300万円前後。ただ世間の投資額よりも、自分自身がどれだけ余裕を持って株式に投資できるかが大切。全財産を株式投資に突っ込まないように！

株の特徴でグループ分けしてみよう!

発行株式数や時価総額で分類

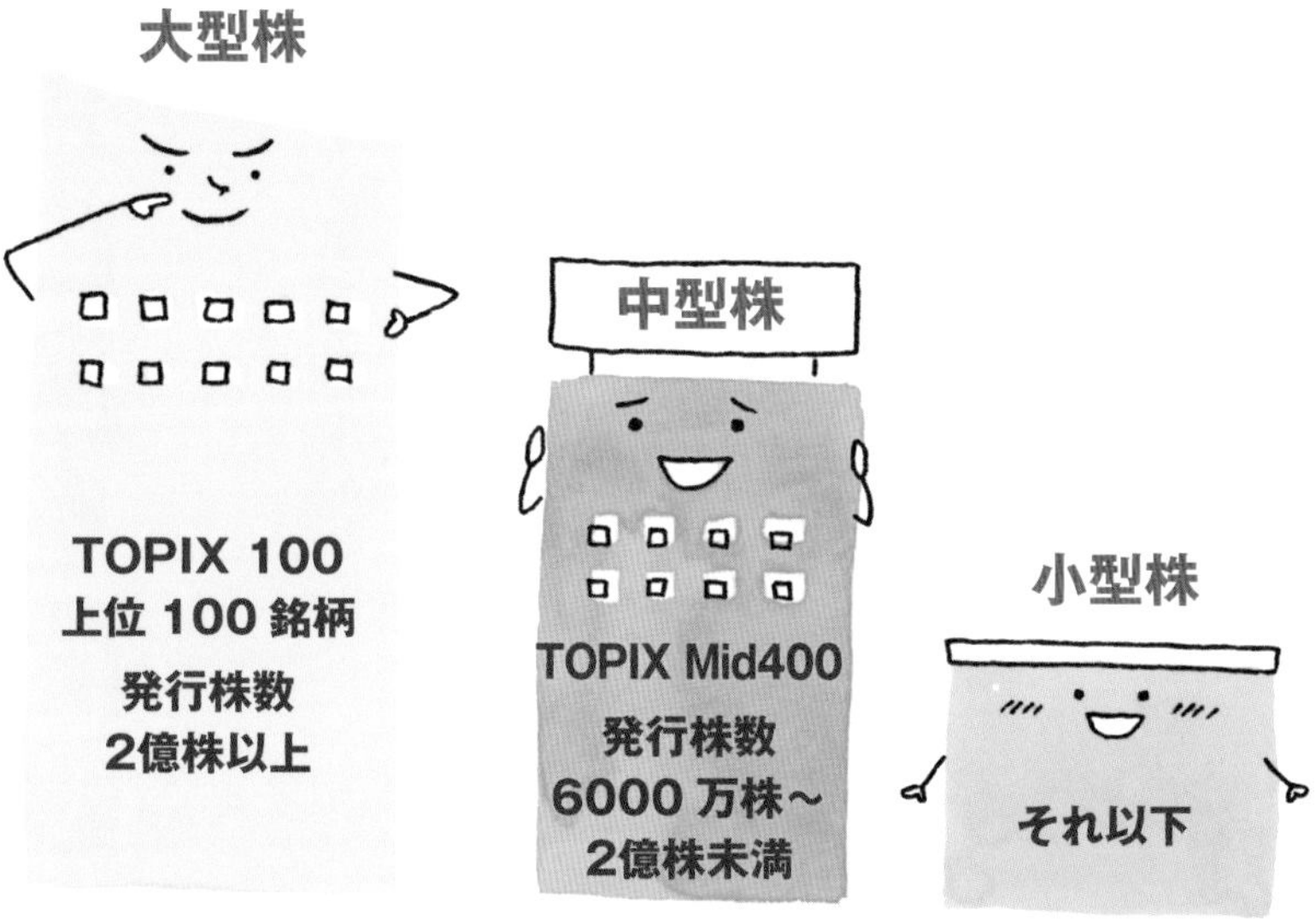

大型株
- 取引額が大きい
- 売買しやすい
- 値動きは安定

小型株
- 取引額が小さい
- 売買が成立しにくい
- 大きく値動きし、ハイリスク、ハイリターン

人気で分類

グロース株

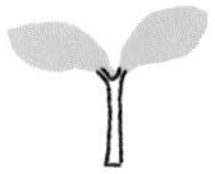

- 将来性を評価
- 利益に対して割高

バリュー株

- 大きな成長は見込みにくい
- 安定した利益
- 価格は割安

株式

ネットを使えばカンタン

いざ口座を開設！

▼対面取引とネット取引がある

株の取引をスタートするには、まず証券会社に口座を開設します。口座開設は証券会社のＷＥＢサイトから簡単にできます。

証券会社によって特徴があるので、35ページのチェックポイントを参考にして、自分に合った会社を見つけましょう。

大手の証券会社では、対面取引を選ぶこともできます。証券会社の営業担当に電話やＦＡＸで売買注文を行います。プロのアドバイスを受けられることがメリットです。

一方、ネット専門の証券会社は、自分で注文する分、手数料は割安になります。また、独自のアプリや情報分析ツール、ロボアドバイザーなどのサービスも充実しています。

▼特定口座なら面倒な手続きはお任せ

株の取引で面倒なのが、税金の申告です。株式取引で得た利益には税金がかかります（詳しくは１４８ページ参照）。年間で20万円以上の利益が出たときは確定申告が必要になります。

ただし、**口座開設時に「特定口座」の「源泉徴収あり」を選択しておけば、面倒な計算はもちろん、税務署への納付も証券会社のほうで代行してくれます。**

自分で確定申告する場合でも、必要書類の**年間取引報告書**（1年間の損益を計算した書類）を証券会社が作成してくれるのでラクチンです。

コラム　NISA口座はどこに作る？

複数の証券会社に証券口座を開設することは可能だが、NISA口座は1口座しか作れない。NISA口座を別の証券会社に変更することは1年に1回限りで可能となっている。

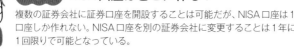

初心者の口座の選び方はコレ

おすすめはこっち
どっちにしよう？
慣れないことは
証券会社に
お任せ！
自分で
やることが多い！

特定口座

- 証券会社が1年分の株取引をまとめた書類（年間取引報告書）を作成してくれる
- 「源泉徴収あり」を選べば、証券会社が利益にかかる税金を徴収し納めてくれるので確定申告の必要がない

一般口座

- 年間取引報告書を自分でまとめ、その後、確定申告をしなければいけない（ただし、年間20万円未満の利益しか出ていない場合は所得税の申告は不要）

対面取引

もしもし
はい。

電話（FAX）で注文。担当者からアドバイスがもらえる！

そのかわり……

ネット取引に比べ手数料が高い

ネット取引

こっちが主流！
この株にしようかな

Web上の取引画面から注文。アドバイスはもらえない

そのかわり……

売買にかかる手数料が安い！

(SBI証券の場合)

[手順1] ネットで口座開設を申し込む(SBI証券の場合)

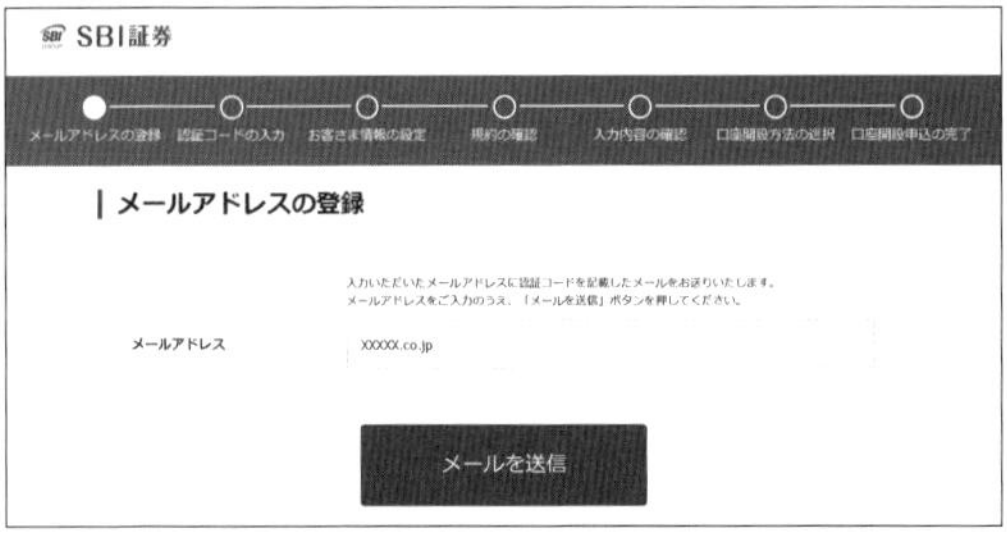

証券会社の口座開設ページで、メールアドレスを入力し、メールを送信。

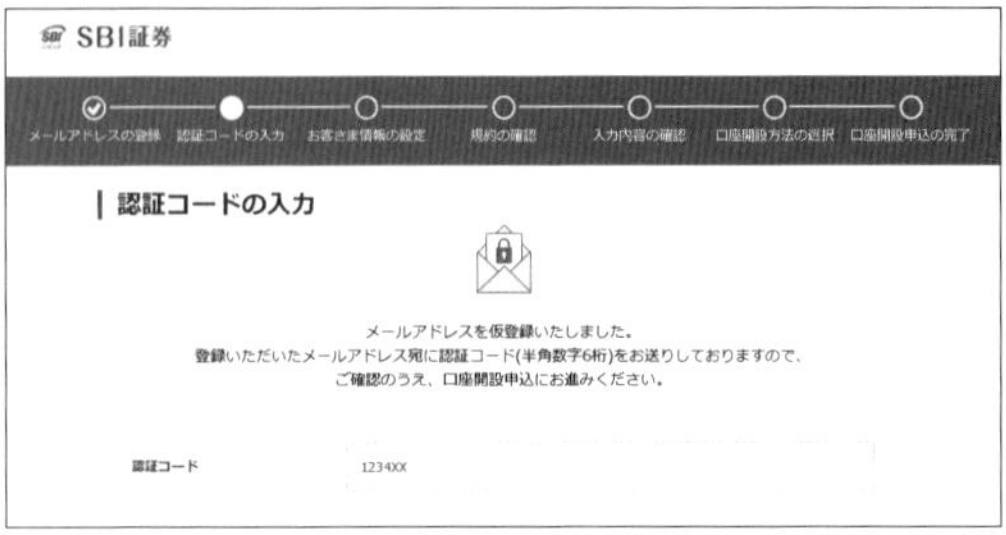

登録したアドレスに送られる認証コード(6桁の数)を、HPに入力。

個人情報を入力。規約を確認したら、ネット申し込み、郵送で申し込みを選ぶ。

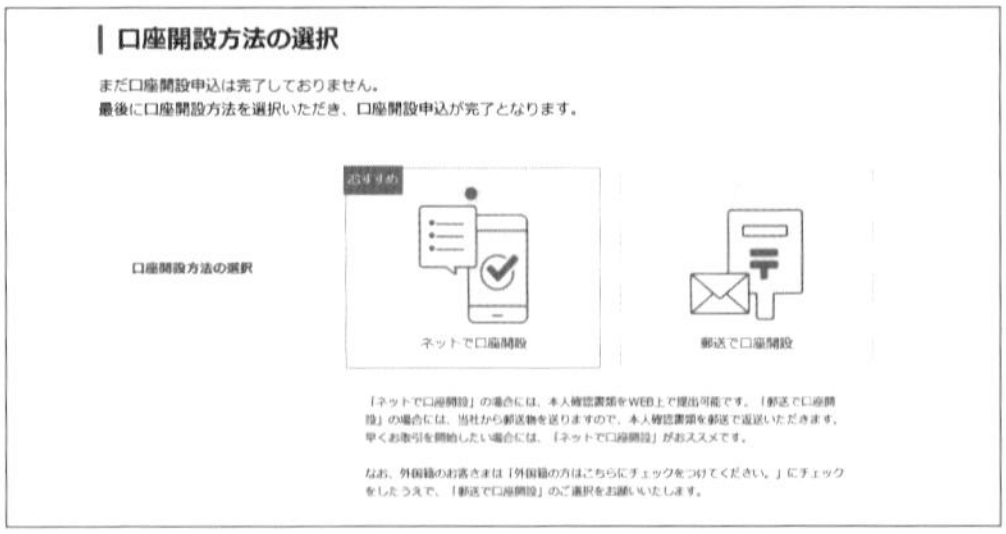

(ネットで申し込みの場合)ユーザーネームとパスワードが発行される。

※郵送で申し込みの場合、送られてくる書類に、必要事項を記入し返送する。

［手順2］本人確認書類の提出

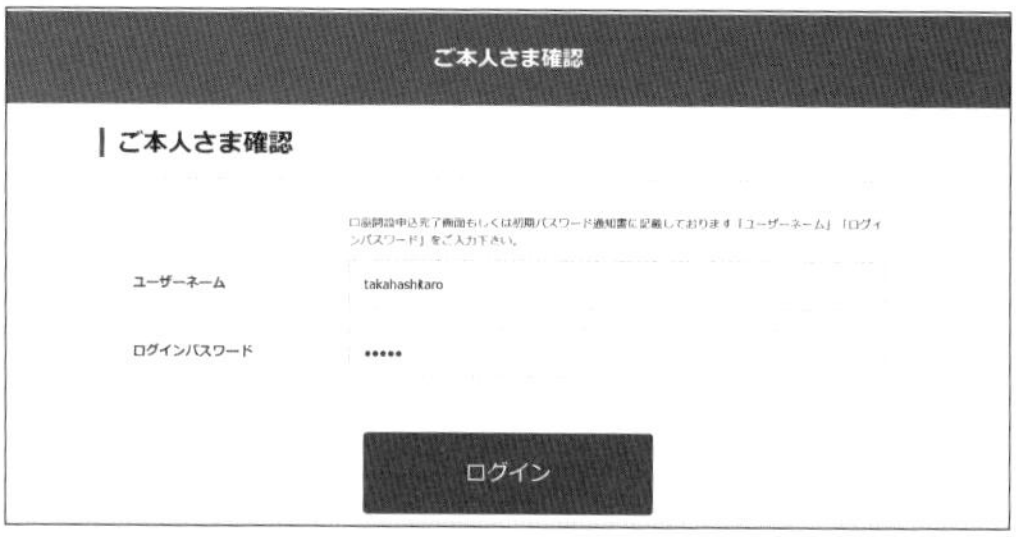

1で発行されたユーザーネームとパスワードを使ってログイン。

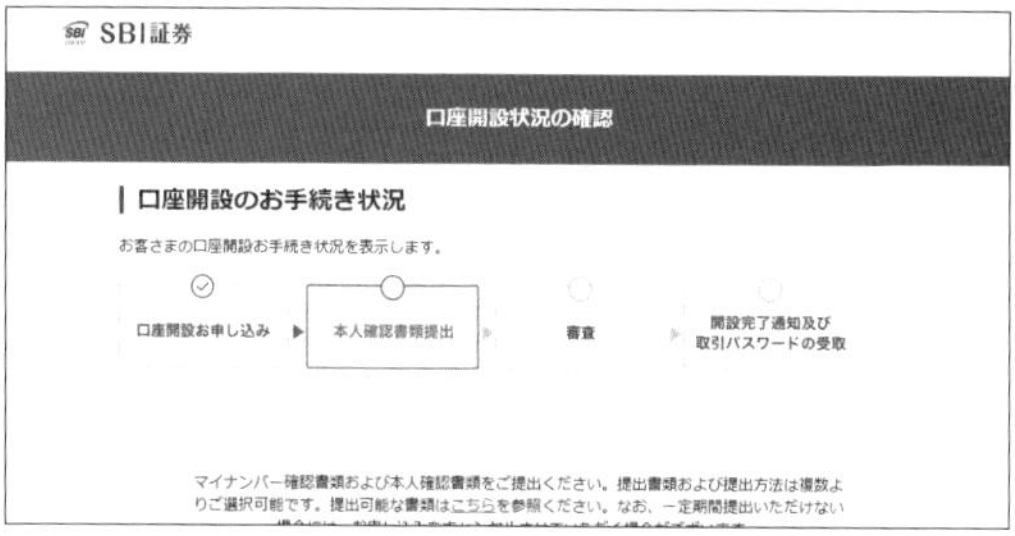

「口座開設情報の確認」から、「本人確認書類の提出」を選ぶ。

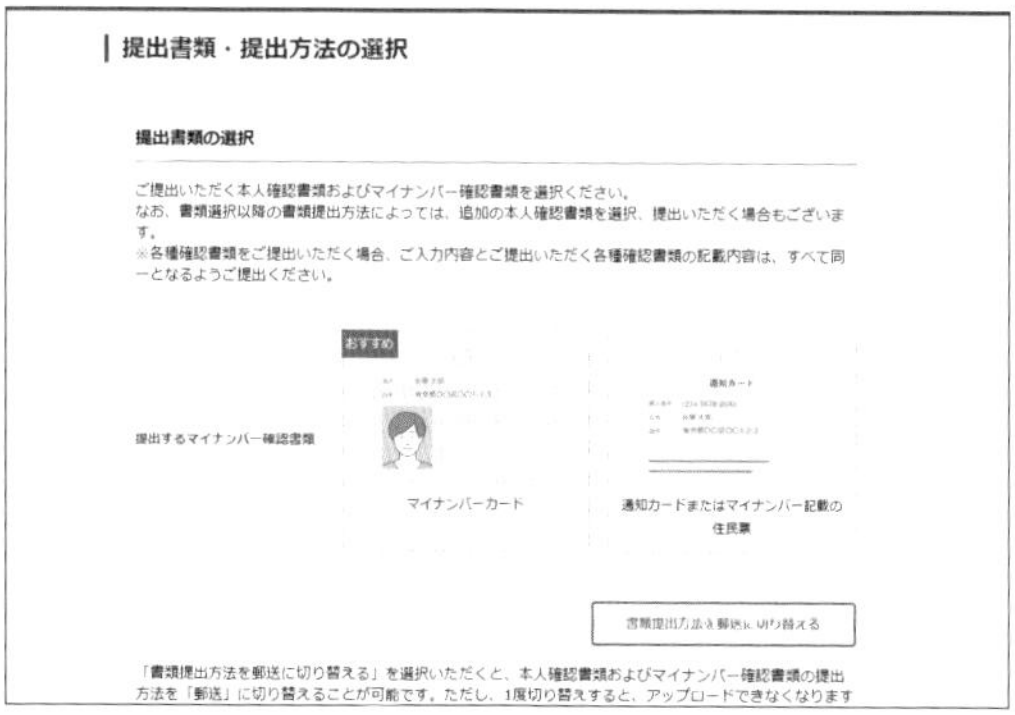

マイナンバー＋本人確認書類を提出。
（スマホをお持ちの方は、書類の写真を送信すれば手続き完了となる）

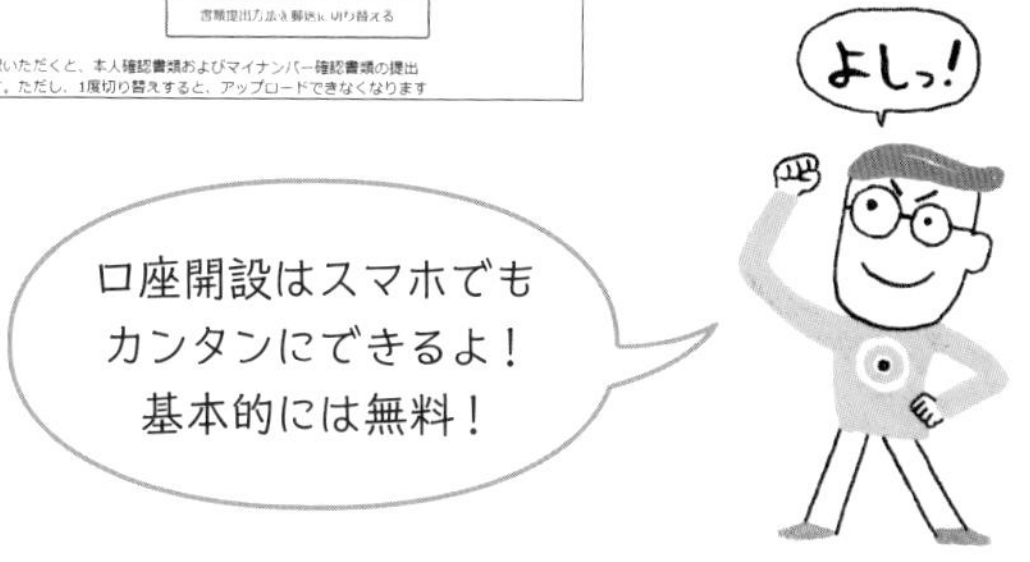

株式

株を買ってみよう!

肝心なのは「いくらで買うか」

▼「成行《なりゆき》注文」はいまの値段で買う

株価はめまぐるしく動いています。そこで「いかに安く買うか」が重要なポイントになってきます。

「いくらでもいいから買いたい」ならば、「成行」注文を出します。かなり高い確率で買える半面、値動きが激しいときなどに思わぬ高値でつかまされるケースも出てきます。

▼「指値《さしね》注文」は金額を指定する

これに対し「いくらで買う」と指定する場合は「指値注文」を出します。株で儲けるには１円でも安く買いたいわけですから、現状より安い価格を指定することになります。

たとえば、１株４０５円の銘柄を４００円以下で買いたいときは「４００円で買いたい」と指定するのです。この場合、株価が４００円以下になってはじめて注文が成立します。

指値注文はこのように、指定した価格以下にならないと買えないので、必ずその日のうちに買えるとは限りません。つまり、取引が成立しにくいというデメリットがあります。

したがって、注文を出すときには、当日限りの注文とするか、あるいは株が買えるまで注文を有効とするかという〝注文の有効期限〟を指定します。

なお、株の取引単位は原則１００株単位です。１株単位や１０５株のような端数つきでは売買できません（例外は60ページ）。

コラム 取引が成立しないケース

流動性が小さい銘柄だと、取引量が極端に少なくて売値と買値がマッチしないため、取引が成り立たないケースもある。また買い注文が売り注文に対しあまりに多すぎる、あるいはその逆のパターンのときも、価格が決まらず取引が成立しない。

板情報と売買単位

●板情報の見方

売り注文・買い注文で
希望する値段

売りたい

売気配株数	気配値（円）	買気配株数
21800	3500	
22900	3450	
26700	3400	
16200	3350	
19800	3300	
	3250	13200
	3200	12200
	3150	6100
	3100	10300
	3050	8500

買いたい

3250円で
買いたい注文が
13200株ある

3300円で
売りたい注文が
19800株ある

この場合、売気配《うりけはい》株数＞買気配《かいけはい》株数
だから株価は下がりそうだ…

現状の値動きの目安になる

●株式の売買単位

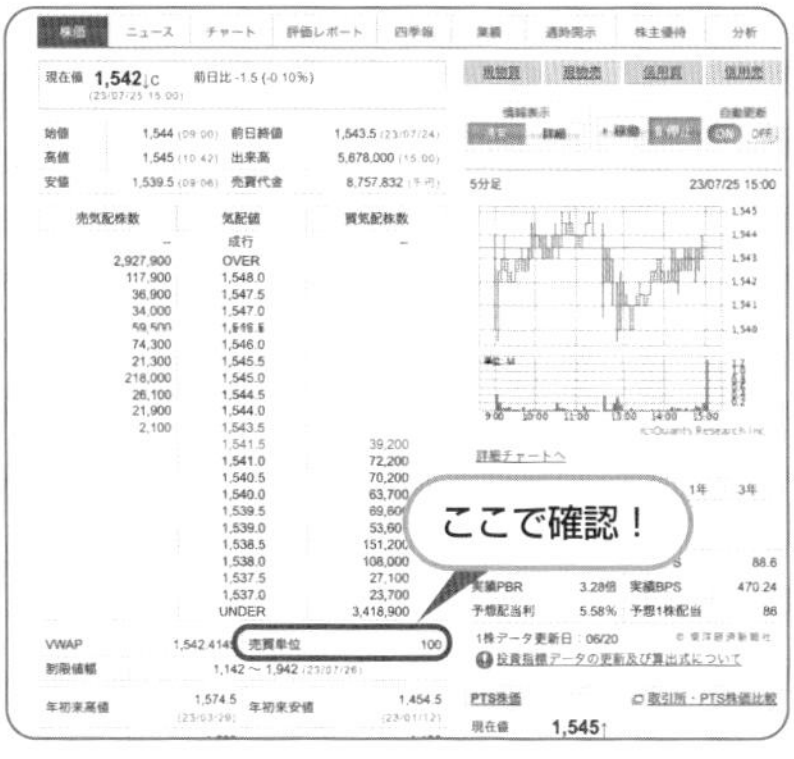

SBI証券

売買できるのは
原則100株ずつ

たとえば…

●ソフトバンク（9434）

▶最低売買単位 **100**株

株価 **1544**円 × **100**株

＝**15万4400**円が必要

※株価は2023年7月5日の終値

◀NEXT 株、2通りの買い方

（SBI証券の場合）

成行注文

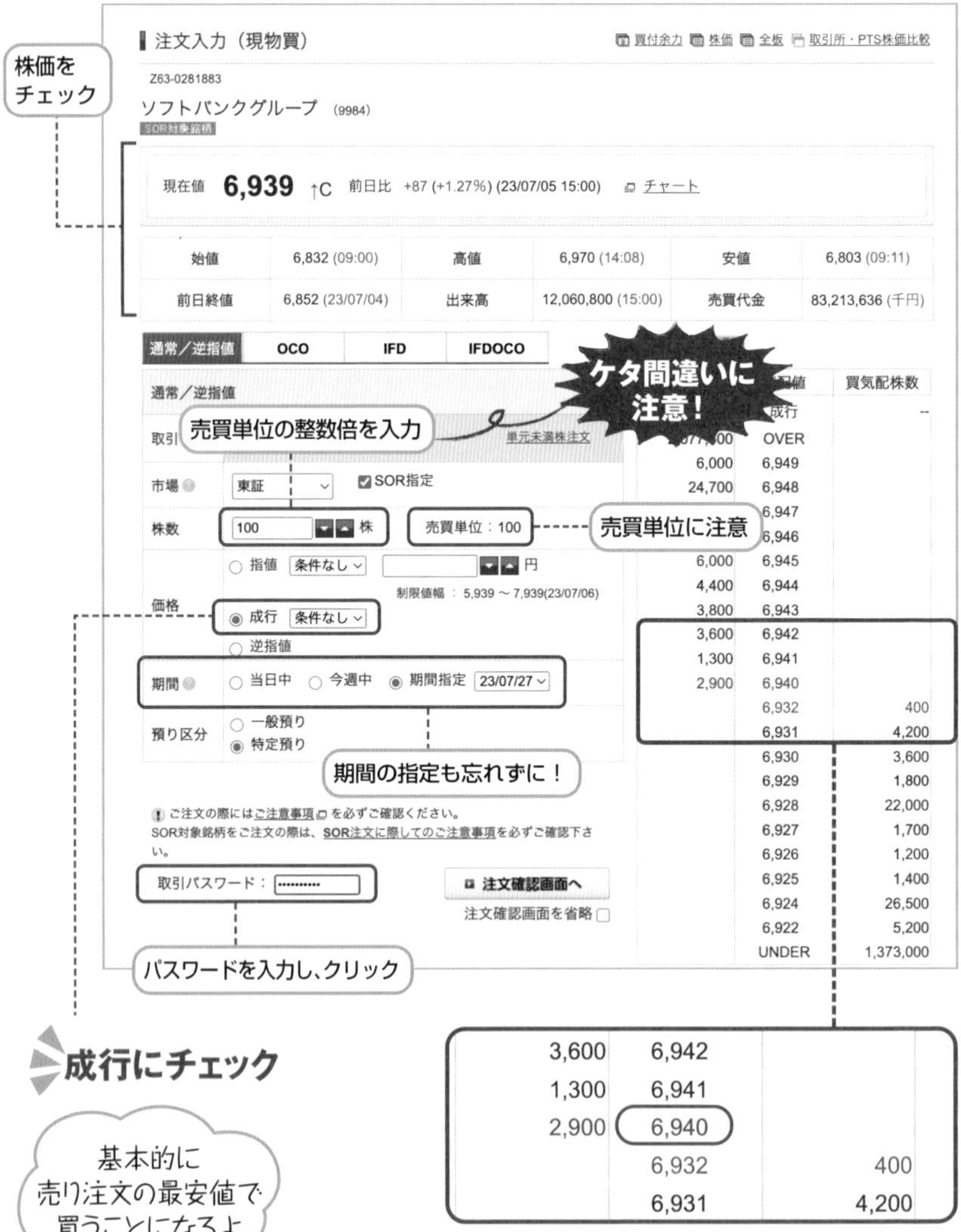
注文入力（現物買）
買付余力 株価 全板 取引所・PTS株価比較
Z63-0281883
ソフトバンクグループ (9984)
SOR対象銘柄
株価をチェック
現在値 6,939 ↑C 前日比 +87 (+1.27%) (23/07/05 15:00) チャート
始値 6,832 (09:00) 高値 6,970 (14:08) 安値 6,803 (09:11)
前日終値 6,852 (23/07/04) 出来高 12,060,800 (15:00) 売買代金 83,213,636 (千円)
通常／逆指値 OCO IFD IFDOCO
ケタ間違いに注意！
通常／逆指値
取引
売買単位の整数倍を入力
単元未満株注文
市場 東証 SOR指定
株数 100 株
売買単位：100
売買単位に注意
価格 指値 条件なし 円
制限値幅 ： 5,939 ～ 7,939(23/07/06)
成行 条件なし
逆指値
期間 当日中 今週中 期間指定 23/07/27
預り区分 一般預り 特定預り
期間の指定も忘れずに！
ご注文の際にはご注意事項を必ずご確認ください。
SOR対象銘柄をご注文の際は、SOR注文に際してのご注意事項を必ずご確認下さい。
取引パスワード：
注文確認画面へ
注文確認画面を省略
パスワードを入力し、クリック
買気配株数
成行
OVER
6,000 6,949
24,700 6,948
6,947
6,946
6,000 6,945
4,400 6,944
3,800 6,943
3,600 6,942
1,300 6,941
2,900 6,940
6,932 400
6,931 4,200
6,930 3,600
6,929 1,800
6,928 22,000
6,927 1,700
6,926 1,200
6,925 1,400
6,924 26,500
6,922 5,200
UNDER 1,373,000
3,600 6,942
1,300 6,941
2,900 6,940
6,932 400
6,931 4,200
成行にチェック

基本的に
売り注文の最安値で
買うことになるよ

※ただし、売り注文数が極端に少ない場合は、
思わぬ高値で買ってしまうこともあるので要注意！

指値注文

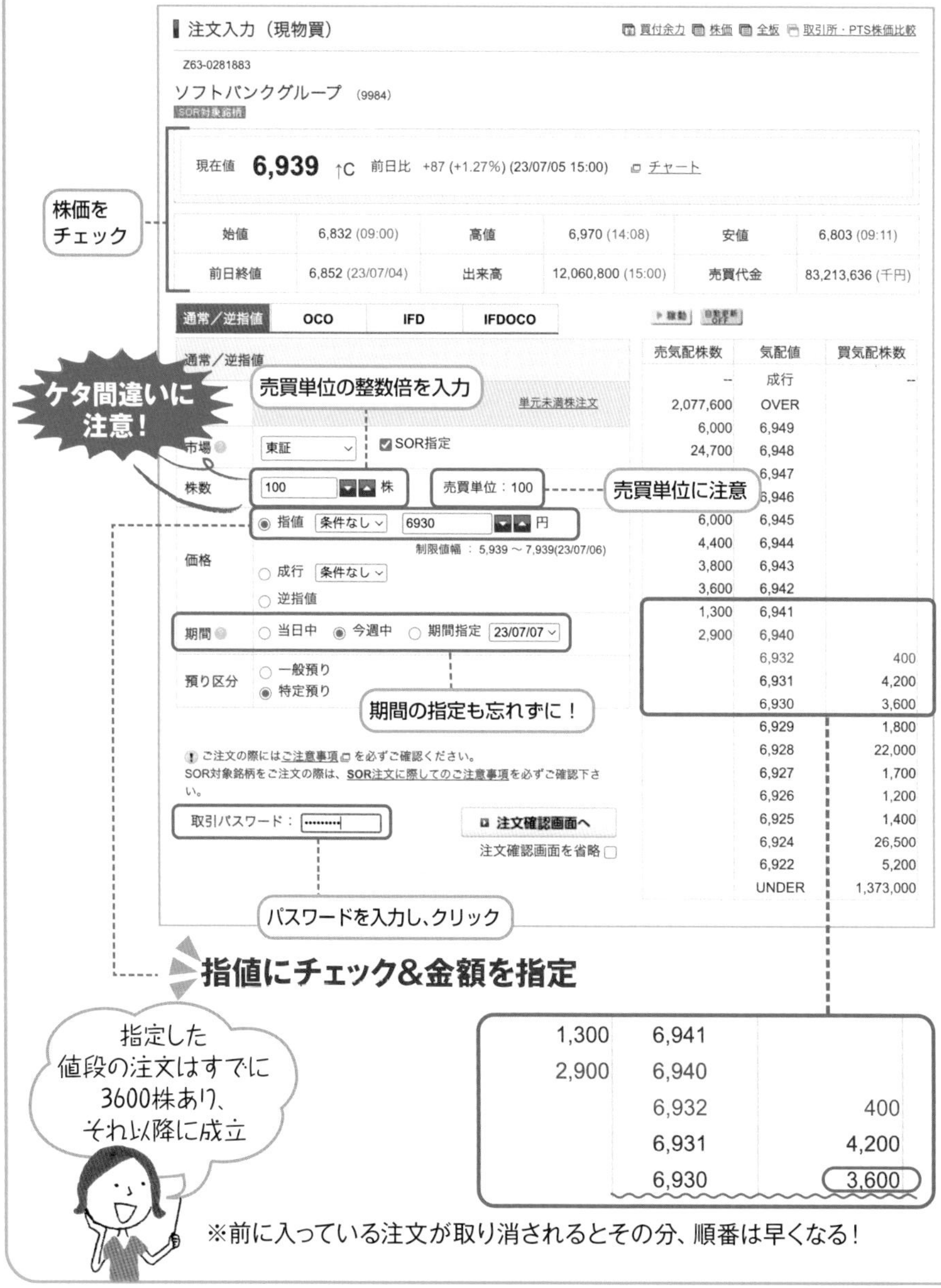
注文入力（現物買）
買付余力 株価 全板 取引所・PTS株価比較
Z63-0281883
ソフトバンクグループ (9984)
SOR対象銘柄
現在値 6,939 ↑C 前日比 +87 (+1.27%) (23/07/05 15:00) チャート
始値 6,832 (09:00) 高値 6,970 (14:08) 安値 6,803 (09:11)
前日終値 6,852 (23/07/04) 出来高 12,060,800 (15:00) 売買代金 83,213,636 (千円)
株価をチェック
通常／逆指値 OCO IFD IFDOCO
通常／逆指値
単元未満株注文
市場 東証 SOR指定
株数 100 株 売買単位：100
価格 指値 条件なし 6930 円
制限値幅 ： 5,939 ～ 7,939(23/07/06)
成行 条件なし
逆指値
期間 当日中 今週中 期間指定 23/07/07
預り区分 一般預り 特定預り
ケタ間違いに注意！
売買単位の整数倍を入力
売買単位に注意
期間の指定も忘れずに！
ご注文の際にはご注意事項を必ずご確認ください。
SOR対象銘柄をご注文の際は、SOR注文に際してのご注意事項を必ずご確認下さい。
取引パスワード：
注文確認画面へ
注文確認画面を省略
パスワードを入力し、クリック
売気配株数 気配値 買気配株数
-- 成行 --
2,077,600 OVER
6,000 6,949
24,700 6,948
6,947
6,946
6,000 6,945
4,400 6,944
3,800 6,943
3,600 6,942
1,300 6,941
2,900 6,940
6,932 400
6,931 4,200
6,930 3,600
6,929 1,800
6,928 22,000
6,927 1,700
6,926 1,200
6,925 1,400
6,924 26,500
6,922 5,200
UNDER 1,373,000
指値にチェック&金額を指定
指定した
値段の注文はすでに
3600株あり、
それ以降に成立
1,300 6,941
2,900 6,940
6,932 400
6,931 4,200
6,930 3,600
※前に入っている注文が取り消されるとその分、順番は早くなる！

株式

いつ売り買いできる？

注文できる時間、取引できる時間がある！

取引所によって時間が異なる

取引できる時間も覚えておきましょう。東京証券取引所（東証）で取引できる時間は、毎週月曜日から金曜日までの午前9時～11時半、午後0時半～3時半※です。証券会社へはこの時間外でも注文できますが、取引が成立するのは、この時間内に限られます。

また、対面取引では注文を受けてくれる時間が限られますが、**ネット取引なら24時間、あるいは休日でも注文を受けてくれるところもあります**。これは証券会社によってマチマチなので、あらかじめ確認したうえで注文しましょう。取引が終わると後日、証券会社から「取引報告書」が送られてきます。

取引時間外でも売買できる

投資家のニーズもあり、証券会社によっては証券取引所が閉まっている夜間にも取引できる方法があります。それが、**私設取引システム（PTS）**です。

通常の取引では、証券会社から証券取引所を通して売買が行われますが、**PTSでは証券取引所を通さず、証券会社のネットワーク上で取引が完結されます。**

仕事終わりの夜間でも取引できる、手数料が比較的安いなどのメリットがある半面、通常の取引より参加者が少ないため、取引自体が成立しにくいというデメリットもあります。

※2024年11月までは午後3時まで

コラム　値動きが活発な時間帯

値動きが活発なときは、取引量（出来高）が増えている。とくに寄り付き後すぐは出来高が急増し、値動きも荒くなる。前日の取引終了後から寄り付き前までの世界の経済情勢、とりわけニューヨーク市場の株価動向の影響を受けて取引されるためだ。

取引ができる時間

取引時間（東京証券取引所の場合）

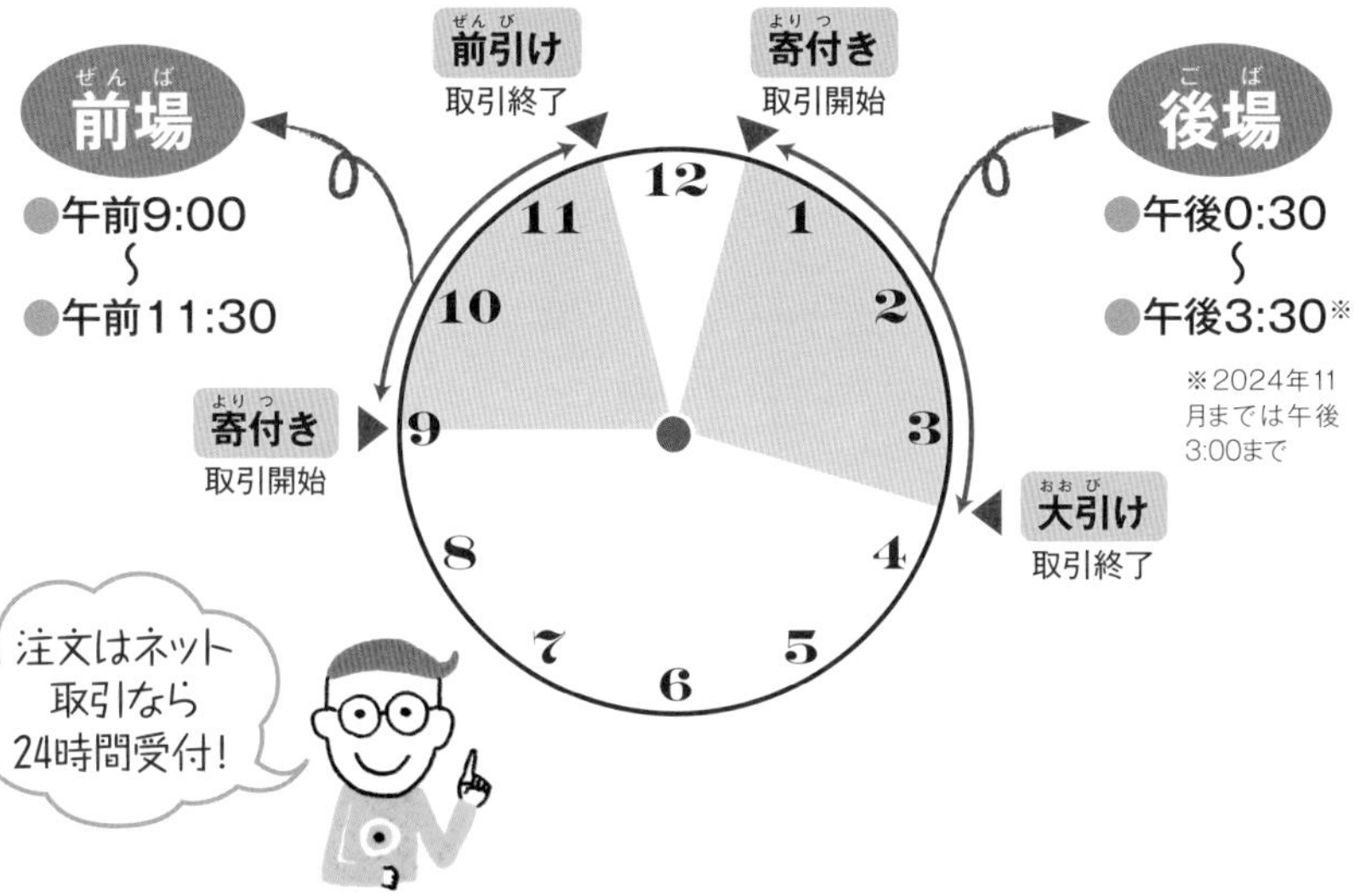

夜でも取引できるPTS

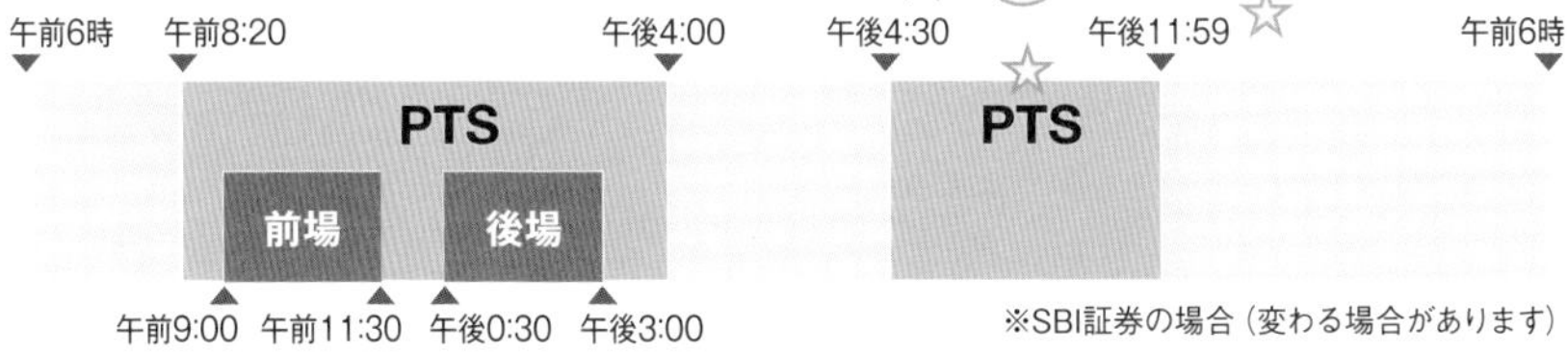

仕事から帰っても取引できる！

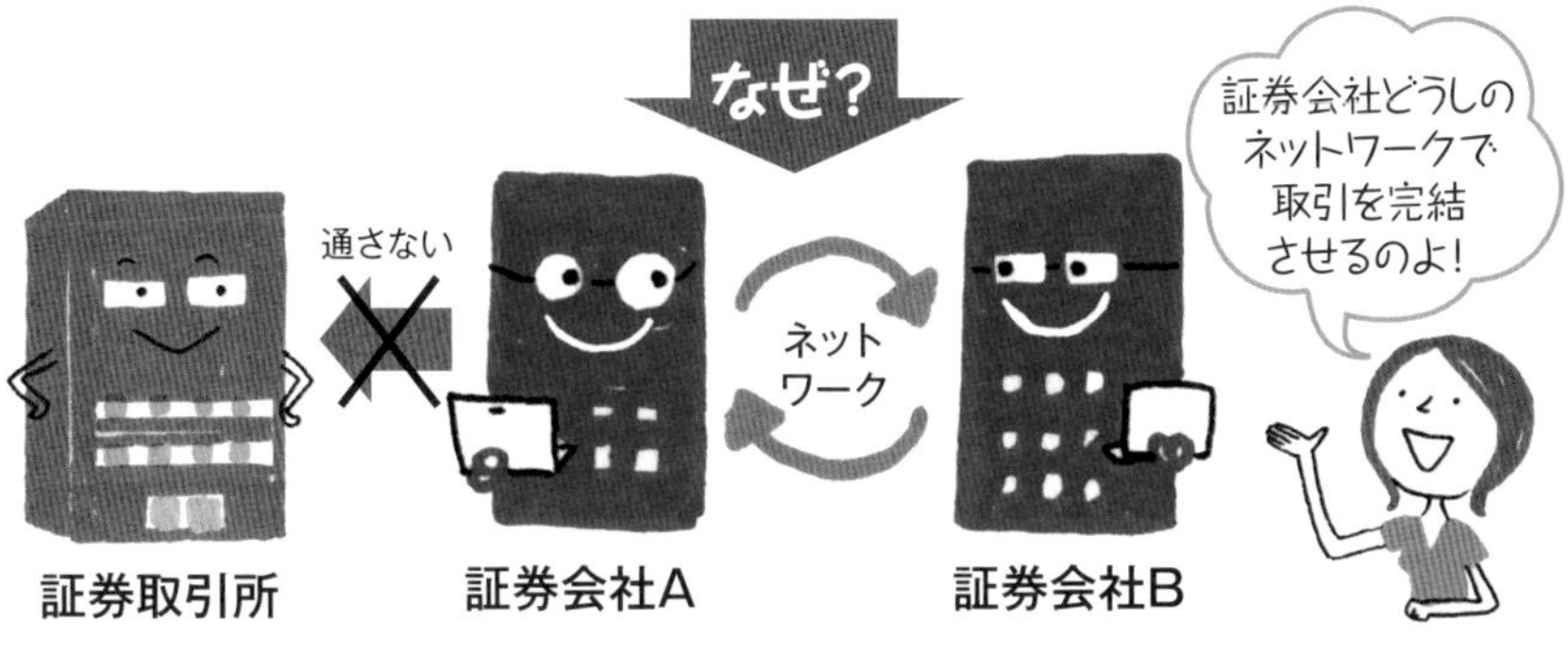

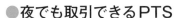

株式

利益を確定する

売り注文を出してみよう！

買った株は、いつか売ることになります。「売り注文」もほぼ買い注文と同じと考えてかまいません。ネット取引なら取引画面で「売りたい銘柄」や「株数」などを指定します。

売り注文は信用取引の**空《から》売《う》り**（56ページ参照）でない限り、持っている株しか売ることができません。売り注文にも買いと同じように「成行注文」と「指値注文」があります。

「買い」注文は成行で、「売り」は指値で行うほうがうまくいくケースが多いようです。

利益が出ているときに売ることを「**利益確定**」、損が出ているものの見切りをつけて売ることを「**ロスカット（損切り）**」といいます。

▼手数料も計算に入れる

株の売り買いでは証券会社に手数料を支払わなければならないので、利益確定のときはその分も計算に入れておきましょう。この手数料を計算に入れなかったばかりに、思ったほど利益が出なかったということにもなりかねません。

▼損失をできるだけ少なくする

ロスカットは、慣れないうちは難しいものです。しかし、相場の読みがはずれたときは、思いきって損切りしないと損失をズルズル拡大させる結果となります。

トータルで利益が出ればいいと割り切って、ときには負けを認めることも、株で成功するカギとなります。

用語解説 損切り

予想外に株価が下落することはよくある。そのまま保有（塩漬け）したりナンピン買い（120ページ）するのも一つの投資法だが、その時間と資金を別の投資に使えたと考えると効率が悪い。損切りしてリセットするほうが精神的にもよい。

株の売り注文と注意点!

●2つの売り注文

指値注文
＝
「この値段になれば売りたい！」

売気配株数	気配値（円）	買気配株数
2000	2500	
2200	2450	
2500	2400	
1600	2350	
2000	2300	
	2250	1200
	2200	1000
	2150	600
	2100	1200
	2050	800

成行注文
＝
「いくらでもいいから売りたい！」

値段を指定し
その値段以上に
なれば売れる

買い注文の
最高値で
売れる

注文の出し方は買い注文とほぼ同じ

（▶50～51ページを参照）

●手数料も頭に入れて

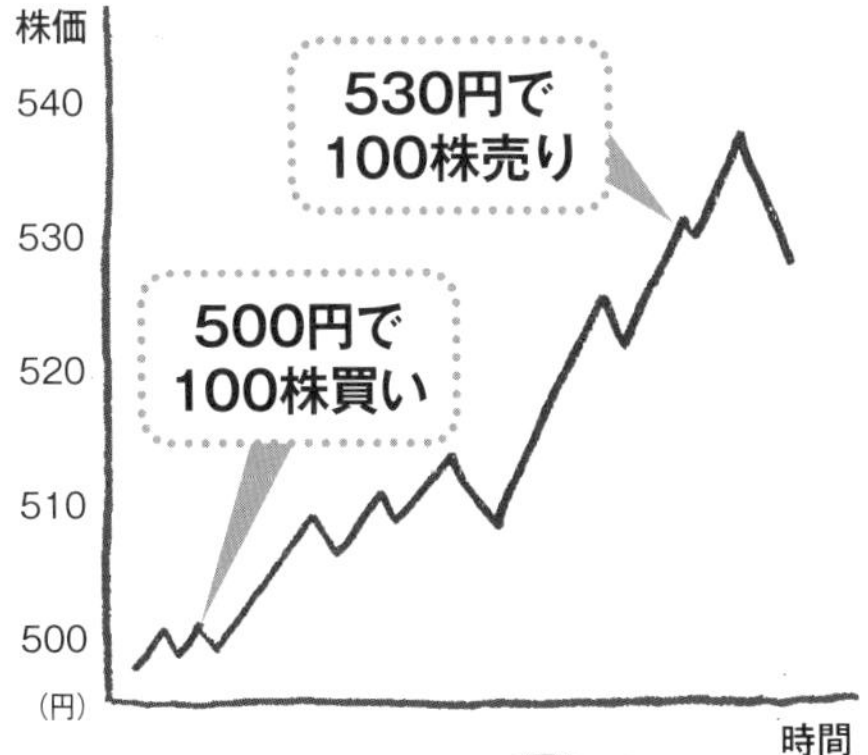

500円 × 100株　買い
5万円

530円 × 100株　売り
5万3000円

2回分の取引手数料（154円）を引くと…
2846円が利益となる

取引手数料は
証券会社により異なるので
事前にチェックしておこう

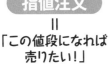

株式

信用取引で売り買いする

お金が少なくても取引できる！

手持ちの資金以上の取引もできる

当たり前ですが、株はお金を出して買います。持っているお金の範囲内で株を買うことを「**現物取引**」といいます。これに対し、**自分が持っているお金以上に多くの株を買うこともできます。これが**「**信用取引**」です。

信用取引には、「**信用買い**」と「**信用売り**（空売り）」があります。信用買いは、株を買うお金が足りないときに、証券会社などからお金を借りて株を買います。証券会社に預けているお金が100万円あったとしたら、現物取引で買える株は100万円分（手数料込み）までですが、信用買いならおよそ3倍の300万円分の株を買うことができます。

持っていない株を売る

現物取引では、実際に株を持っていないと売ることはできませんが、**空《から》売《う》りという方法なら「先に株を売ってから、そのあと株を買い戻す」ことができます。**この場合、証券会社などから株を借りて市場で売り、そのあとで株を買い戻して証券会社に返します。空売りでの利益の上げ方は、左図を参照してください。

また、信用取引には2種類あります。「制度信用取引」は、証券取引所が選んだ銘柄だけが取引の対象となり、借りたお金や株の返済期限が取引所の規則により決まっています。一方、「一般信用取引」は、それぞれの証券会社の判断で銘柄や返済期限が決められます。

コラム 信用取引には返却期限がある

信用取引を行ったら、一定の期限内に決済しなければならない。制度信用取引は6か月、一般信用取引なら3年程度と定められている。含み損を抱えていたとしても、期限が来たら、含み損をリアルの損失として確定させなければならない。

「空売り」とはこんな方法

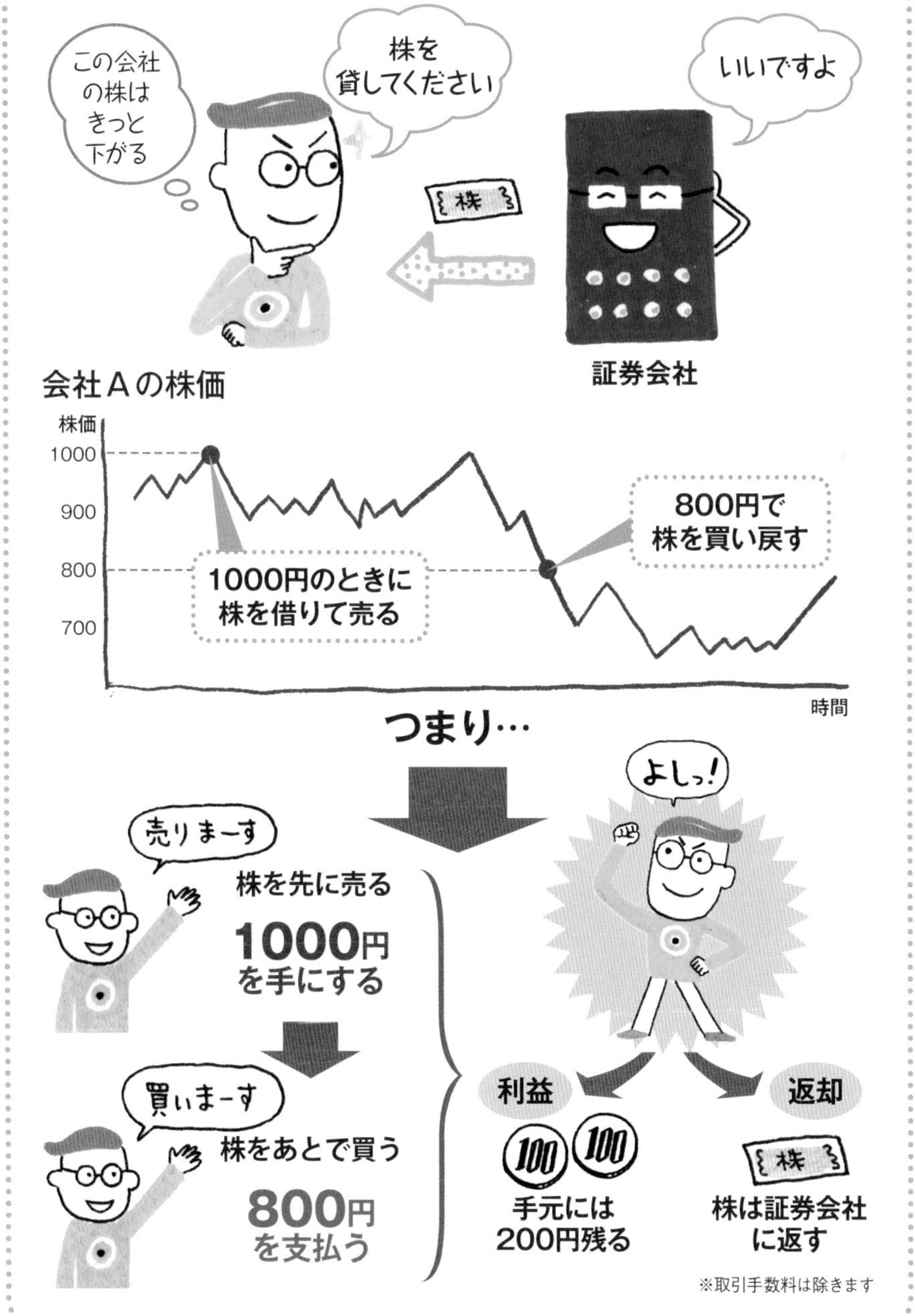
この会社の株はきっと下がる
株を貸してください
いいですよ
株
証券会社
会社Aの株価
株価
1000
900
800
700
時間
1000円のときに株を借りて売る
800円で株を買い戻す
つまり…
売りまーす
株を先に売る
1000円を手にする
買ぃまーす
株をあとで買う
800円を支払う
よしっ！
利益
返却
100
100
手元には200円残る
株
株は証券会社に返す
※取引手数料は除きます

始め方

08

株式

取引の「怖さ」も知っておこう

信用取引のコストとリスクは!?

▼利益は大きいがリスクも大きい

かつて多くの証券会社では、高齢者や初心者などが信用取引できないように規制していました。現在はネット取引が広まり、その規制は緩和されましたが、信用取引はそれだけリスクをはらんでいるのです。たとえば預けているお金を担保にその3倍まで取引を行ったとき、予想どおりに株価が動けば利益は現物取引の3倍になりますが、株価が思惑と逆の動きをしたときは、損失も3倍になります。

損失が大きくなると、担保として預けているお金（**委託保証金**）が不足してくるケースが出てきます。そのときは損失確定を覚悟で決済するか、**追加保証金**（**追証**《おいしょう》）を入金しなければなりません。

さらに空売り特有のリスクもあります。株価はいくら下落しても、マイナスになることはありません。しかし上昇するときは、上値には制限がありません。空売りして際限なく上昇したら、損失も拡大する一方です。

▼信用取引ならではのコスト

信用取引では、信用買いのときには借りたお金の金利、空売りのときは借りた株に対する**貸株**《かしかぶ》**料**を支払わなければなりません。

また、権利確定日（31ページ参照）をまたいで空売りしているときは、配当金に相当するお金も支払わなければならず、信用取引はコストがかかることも覚悟しなければなりません。

コラム　信用取引の損失は青天井？

信用取引はFXでいうならレバレッジを効かせている状態。利益が出ているときは、その利幅も大きくなるが、損失も大きくなってしまう。とりわけ信用売りを行って、思惑とは逆に株価が上昇したとき、その損失の幅に際限がない。とくに注意が必要だ。

信用取引のメリットとデメリット

●委託保証金と追証《おいしょう》

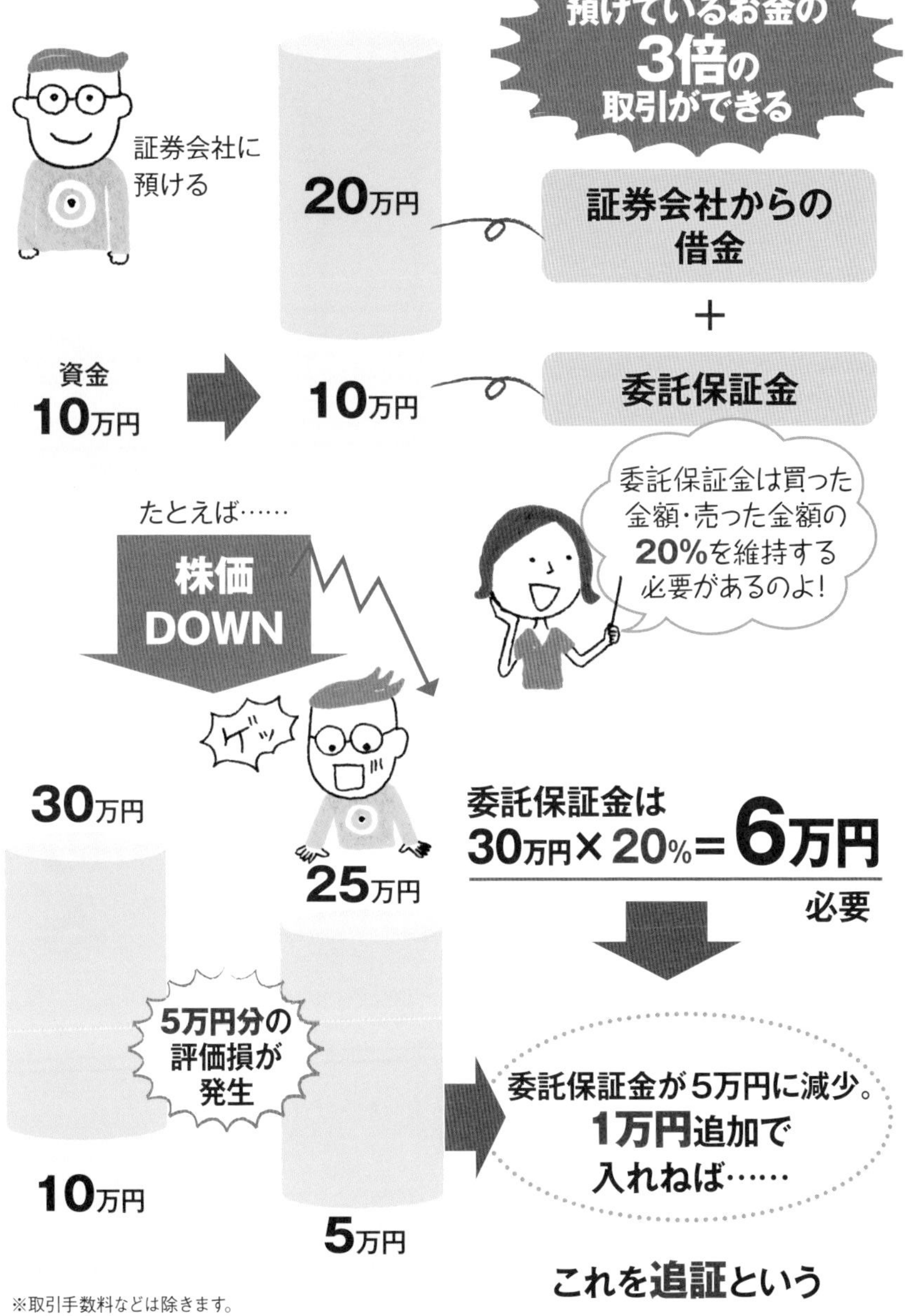
預けているお金の
3倍の
取引ができる
証券会社に
預ける
20万円
証券会社からの
借金
＋
資金
10万円
10万円
委託保証金
たとえば……
株価
DOWN
委託保証金は買った
金額・売った金額の
20%を維持する
必要があるのよ！
ゲッ
30万円
25万円
委託保証金は
30万円×20%＝6万円
必要
5万円分の
評価損が
発生
10万円
5万円
委託保証金が5万円に減少。
1万円追加で
入れねば……
これを追証という

※取引手数料などは除きます。

◀NEXT 「単元未満株」から始める

株式

資金が少なくてもOK！

「単元未満株」から始める

わずかな資金で株が買える！

株を買う際は、**最低売買単位（単元株数）**ごとに買わなければなりません。ところが最低売買単位で買うとなると、まとまったお金が必要になります。そこで、単元株数以下の株数で売り買いできる投資法もあります。これは「**単元未満株**」といわれ、**1株から購入することができます**。

株価が４０００円の銘柄の場合、通常の取引では40万円が必要ですが、単元未満株なら1株４０００円からの買い付けが可能になります。

また、貯まったポイントを使って単元未満株を買える証券会社もあります。

そのほか「**株式累積投資**」（通称「るいとう」）もあります。一銘柄につき毎月1万円以上１０００円単位で積み立てできます。このるいとうに関してはＰＡＲＴ5で詳しく触れます。

分散しての投資がしやすい

単元未満株、るいとうは少額資金で売買できるので、多くの銘柄を買うことができます。また時間を分散しての投資も可能です。

ただこれらにもデメリットはあります。取扱い銘柄数や注文方法などが通常の取引に比べ限定されます。

また、各社で決められた単位の株数になるまで、株主優待が受けられない場合もあります。

用語解説 単元株

株式の取引で売買される株式数の売買単位を指す。以前は1株から1000株、2000株など8種類もあった。そのため株数の誤発注トラブルなどもあり、その混乱を避けるために100株に統一された。その整数倍での取引が行われる。

1株から買える単元未満株

●単元未満株（auカブコム証券▶プチ株、マネックス証券▶ワン株、SBI証券▶S株、楽天証券▶かぶミニなど）

1株から
取引ができる

たとえば…

△×会社

株　価	**3万円**
単元株数	**100株** の場合

通常
300万円

しかし…　➡

単元未満株
3万円

これなら買える!

取引タイミング（1日3回）
13:30 ～翌朝7:00の注文は前場開始時に約定
7:00 ～ 10:30は後場開始時、10:30 ～ 13:30は
当日の後場引け時にそれぞれ約定／SBI証券の場合

※リアルタイム取引できる証券会社もある

メリット

up

- 少額から投資できる
（1株からでも購入できる）
- 精神的なプレッシャーが小さい

デメリット

- 議決権や株主優待を受けられない
（単元株未満の場合）
- 購入できる銘柄に限りがある（証券会社によって異なる）
- 少額では、大きく利益を出すのはむずかしい

down
ゲ

PART 2 株の買い方

[まとめ]

□ **目標額**により、短期投資や長期投資などのスタイルが分かれる

□ 証券会社での口座開設時には、自分で税の申告をする**「一般口座」**、証券会社が年間取引報告書をつくる**「特定口座」**から選べる

□ **「成行注文」**は、注文してそのときの市場の価格にまかせるやり方。注文成立を優先させたいときに使う

□ **「指値注文」**は「この価格なら買う」「この価格なら売る」というやり方。価格を優先させたいときに使う

□ 単元株数未満で売買できる**「単元未満株」**を使えば、少額で投資を始められる

□ **「信用取引」**は株を借りてきて先に市場で売る取引方法。株が値下がりしたところで買い戻せば差額分が利益となる

必ず見つかる！
いい株の
選び方

分析！

銘柄の選び方

どの株が「買い」？判断材料は何？

▼業績のいい会社が「買い」だが……

株取引を行うには、まずいい銘柄を見つけなければなりません。とはいえ、すでに紹介したように、上場されている株の銘柄は日本株だけでも4000近くもあります。では、何を根拠にいい銘柄を見つけるかを考えてみましょう。

会社は「利潤を追求する」ことを大きな目的にしています。通常、**利益を多く上げれば株主にもその分が還元されるので、その会社の株は人気を集め、株価が上がります。**

ならば業績のいい会社の株が上がるかというと、必ずしもそうとは限らないのです。

株価は、会社の「現在」だけではなく「未来」がどうなるかにも左右されるからです。

▼会社を取り巻く経済の状況は

会社の業績は株価に大きな影響を与えますが、それだけに目を奪われてはいけません。今後の業績にかかわる経済環境もチェックしたいところです。そのためには経済成長率や為替などを見ます。

株価を動かすこれらの要因をもとに値動きを予測することを「ファンダメンタルズ分析」といいます。株価水準や出来高（126ページ参照）などから市場心理を読んで値動きを予測する「**テクニカル分析**」と並び、株式投資には必要な予測法です。

まずはそのファンダメンタルズ分析を詳しく見ていきましょう。

コラム 最高益の発表で株価が下落？

株価は投資家の将来への期待で上げ下げする。そのため、たとえ「最高益」といった好業績のニュースが発表されたとたんに下落することも珍しくない。好業績の発表への期待の段階で株価が上がりきっており、発表と同時に「材料出尽くし」で株価が下がることも多い。

銘柄選びに必要な分析とは

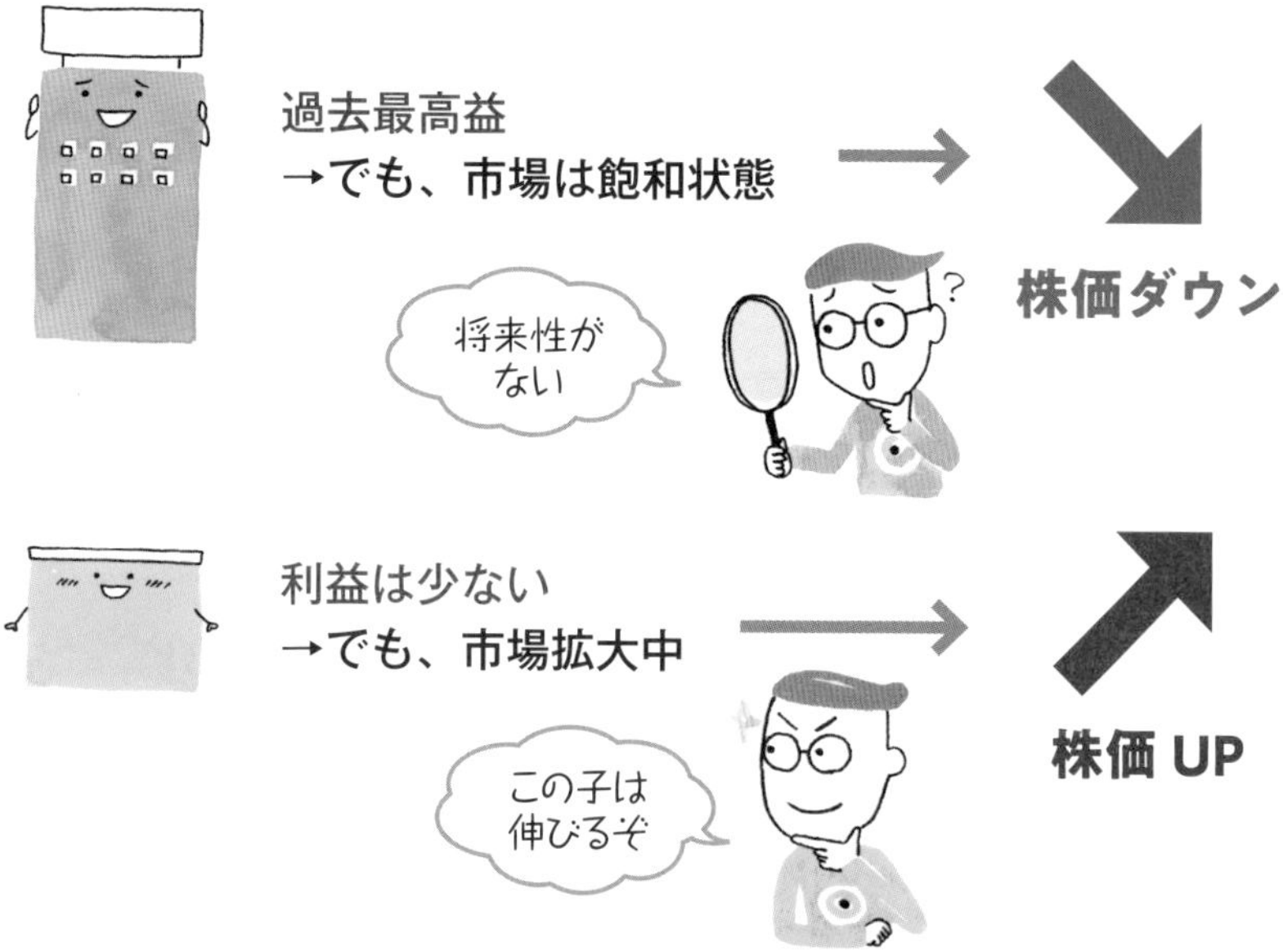

ファンダメンタルズ分析

会社を取り巻く経済状況と会社の業績から分析

- **世の中の景気**
- **為替の動き**
- **アメリカや新興国の状況**
- **各種経済指標**
- **会社そのものの業績（決算書など）** など

詳しくは66ページ以降を参照しよう！

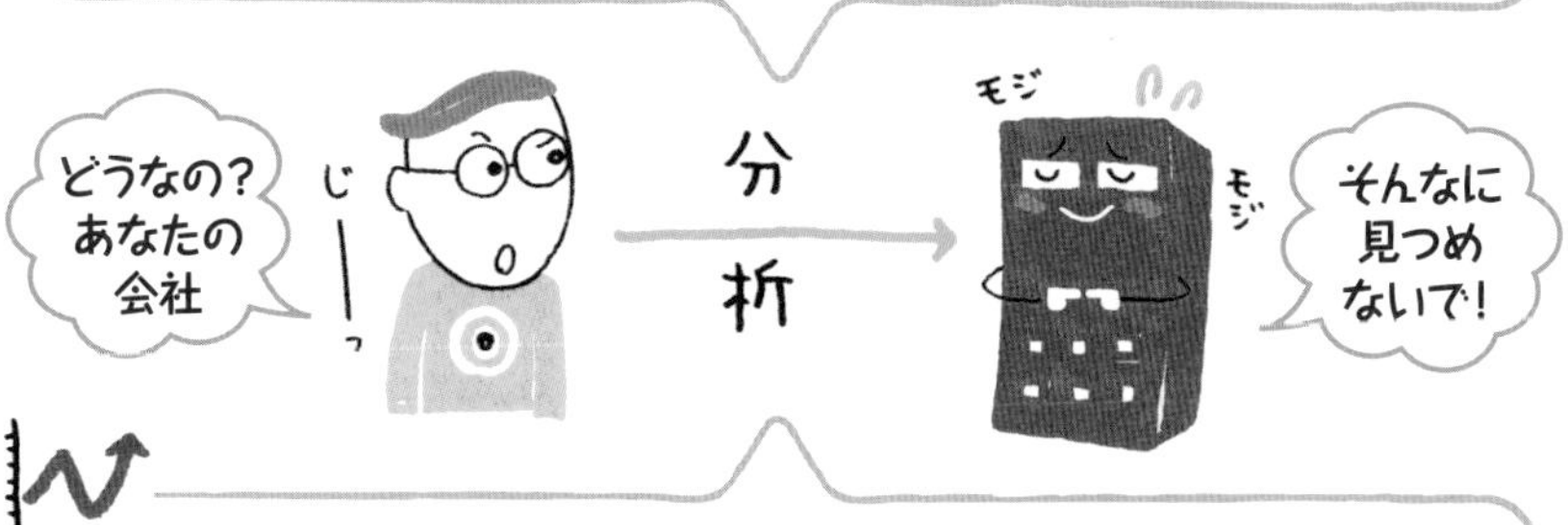

テクニカル分析

チャートを駆使して、売買タイミングやトレンドを分析

- **ローソク足**
- **トレンドライン**
- **移動平均線**
- **ゴールデンクロスとデッドクロス** など

詳しくはPART4を参照しよう！

銘柄選びの
フロー
チャート
START
社会の動き
身近な生活の中から
ヒントを得る P68〜
ホームページで
業績をチェック
P72〜
横ばい
悪化
当面は
見送り
増益の見込み
5%以上
市場の動向を
チェック
P80〜
成長性が見込めない
地政学リスクが
ありそう
見送り

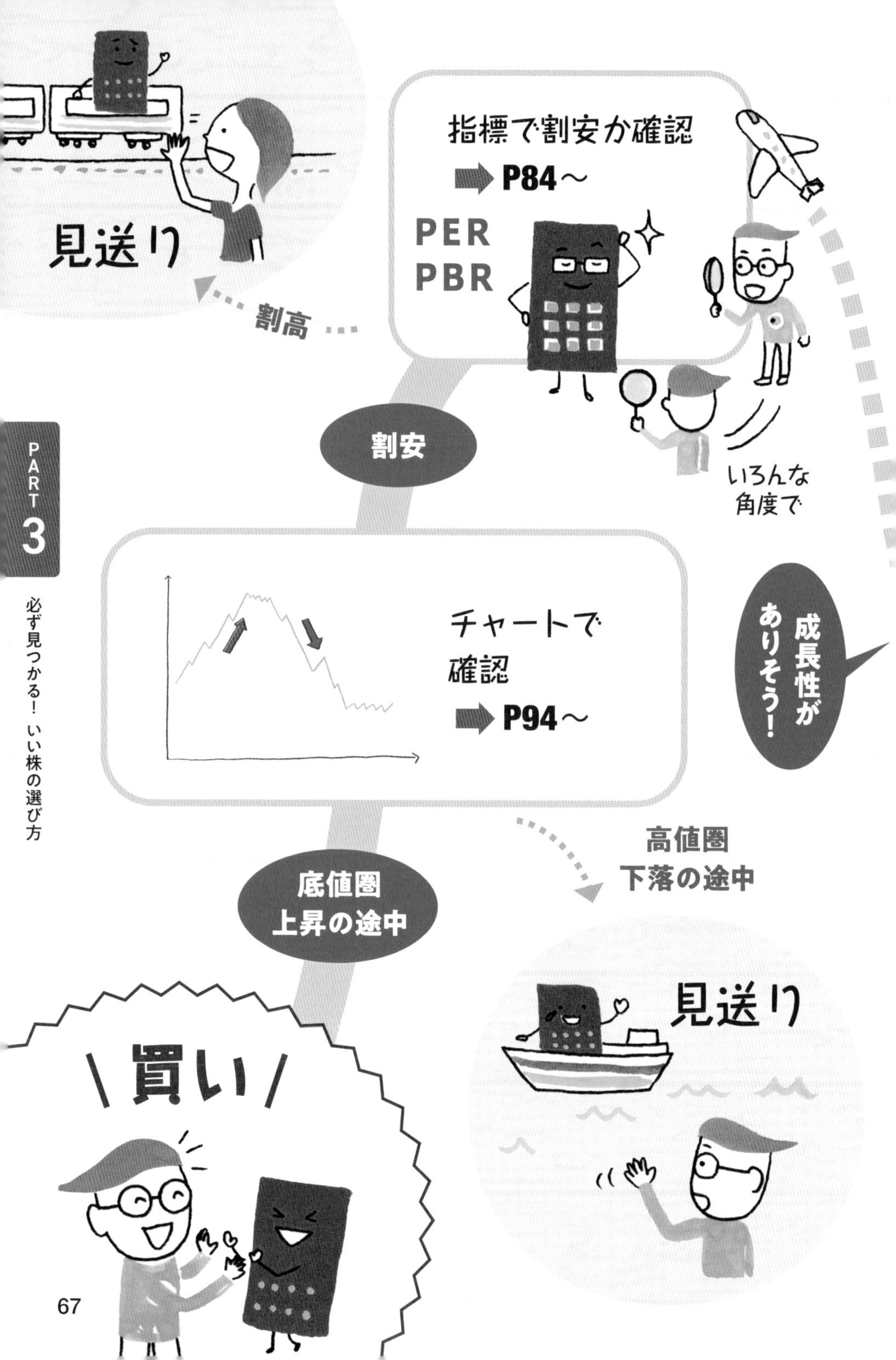
見送り
割高
指標で割安か確認
➡P84～
PER
PBR
いろんな
角度で
割安
チャートで
確認
➡P94～
成長性が
ありそう！
底値圏
上昇の途中
高値圏
下落の途中
＼買い／
見送り

身の回りの判断材料

まずは身近なところから情報を！

▼業績はこんなところで予想できる

株価はさまざまな「情報」によって動きます。業績なら会社が発表する「決算」（各社のホームページに情報があります）でわかります。あるいは『会社四季報』（東洋経済新報社発行）でも業績の見通しや会社の特性など詳しい情報が手に入ります。

ただ**初心者は、身近な会社の株を買うのが無難です**。よく知っているところであれば「今度出た新製品はとてもいい」「最近、あの店はサービスが悪くなった」など、その会社の変化にも敏感に気付けるはずです。

こういった何気ない情報が、いみじくも株価の動きを見事に予見するものです。

▼周りにひそむ貴重な情報

景気が良くなれば、モノがたくさん売れて会社の業績も上がります。消費者の財布のヒモが緩み、世の中のお金が活発に動いた結果、株価も上昇します。

景気の良し悪しは**日銀短観**（全国企業短期経済観測調査）などの経済指標で判断できますが、景気を実感できるのはもっと身近なところにもあります。

たとえば「『サザエさん』の視聴率がいいのは景気が悪い証拠」というジンクスもあります。不況により、週末の外出・消費が鈍っていると予想できるからです。まずは世の中の雰囲気を知ることから始めてみましょう。

コラム　世の中の変化で現れた大化け株

いまやAIという言葉が経済ニュースに出てこない日はない。ヘッドウォーターース（4011）はAI活用のソリューションを提供。AIの普及で同社株に脚光が浴びるように。2022年の終値1752円から半年で株価は7.7倍の1万5280円まで急騰した。

ウソかホントか、意外と当たる!? 株ジンクス

その他のジンクス

「ハロウィン効果」

ハロウィンの時期に買って５月に売るのが良いというジンクス（セルインメイ）。
５月から 10 月にかけて株価は下がりやすく、逆に 11 月から４月までは上がりやすいという、投資家の経験則から生まれた。

「ジブリの法則」

スタジオジブリ制作のアニメが金曜夜に放送されると週明けに株安や円高が起こるというジンクス。

◀ NEXT マクロな視点で見えてくる注目銘柄

マクロな視点で見えてくる注目銘柄

大きなトレンドをつかむ

▼ライフスタイルが変わる

世の中の大きなトレンドによって、急成長する会社や先細りの会社も見えてきます。

近年、目覚ましく成長しているのが、人間にかわり問題解決などを行なう人工知能（AI）市場です。

すでに画像認識や音声認識、翻訳、検索・探索、時系列データ分析などで活用されており、２０３０年には市場規模が2兆３０００億円に達するといわれています。つい数年前までは、チャットGPTや生成AIなどというワードは少なくとも一般的ではありませんでした。

また、少子高齢化の進行にともない、医療や介護の需要はますます高まっています。

介護では、サービス付き高齢者向け住宅やオムツなど介護用品の需要は右肩上がりに伸びています。

▼世界情勢の変化にも注目

２０２２年2月、ロシアがウクライナへの侵攻を始めました。この暴挙に対し、西側陣営はこぞって非難しました。こうした対立は経済に混乱をもたらします。国内への小麦の輸入が激減、さらに原油価格の上昇などさまざまな影響が出ました。

とりわけ原油価格の上昇は、石油関連銘柄の株価を、短期的には上昇させました。

コラム マクロな視点で見つけたこの銘柄！

世の中の変化で株価も上下する。コロナ禍で落ち込んだ旅行関連銘柄もコロナ禍収束と同時にインバウンド需要が復活した。旅行関連銘柄のベルトラ（7048）は2022年7月には株価400円割れ寸前まで落ち込んだが、その後1年でほぼ倍増の800円目前まで上昇した。

たとえばこんな銘柄も

チャットGPT

●tripla（5136）
主力製品であるAIチャットボットシステムは、宿泊施設への予約受付や顧客からの問い合わせに対応

●pluszero（5132）
ITソリューションを提供。サイト上における顧客からの問い合わせに対し、自動対応するチャットボットの開発・導入

など

DX

●プロジェクトHD（9246）
ＤＸ活用による業務支援コンサルや事業改革などを支援。デジタルマーケなどの戦略立案も行なう

●ＩＤホールディングス（4709）
システム運営管理などＩＴサービスを展開。サイバーセキュリティも。ＤＸ関連を強化・育成へ

など

eスポーツ

●カプコン（9697）
家庭用ゲームソフトの大手で、「バイオハザード」「ストリートファイター」シリーズなどヒット作を持つ。ｅスポーツを成長分野に位置づける

●東海理化電機製作所（6995）
スイッチなど自動車部品メーカーだが、ゲーム用品ブランドを立ち上げる。eスポーツ市場へ参入をもくろむ

など

脱炭素

●日創プロニティ（3440）
メガソーラーの部品製造。架台の金属加工やゴム加工などを行なう。畜産排泄物資源化プラント事業にも参入

●マイクロ波化学（9227）
電子レンジに使われるマイクロ波を用いた製造プロセスを開発。炭素繊維製造の実証など開発フェーズの大型案件増

など

メタバース

●ピアズ（7066）
店舗向けに集客支援や企画コンサルティングを行なう。ＡＩによる接客分析のほかメタバースイベントの支援も

●スクウェア・エニックスHD(9684)
ゲーム関連のエニックスとスクウェアが合併。ヒット作「ドラゴンクエスト」が稼ぎ頭。タイトーも傘下に抱える

など

人工知能（AI）

●ティアンドエス（4055）
生産管理システムの受託開発がメイン事業だが、ＡＩ関連事業を将来の収益源にすべく育成へ。画像認識ＡＩがオムロン社に採用される

●ダイワ通信（7116）
防犯・監視カメラ・カメラシステムなどセキュリティ事業を展開。新たに迷惑行為検知ＡＩシステムの開発へ

など

銘柄は一例であり購入を推奨するものではありません。
必ず最新情報をご自身でご確認ください。

2023年6月現在

◀NEXT ホームページから企業の経営方針を知ろう

企業の情報を知る

ホームページから企業の経営方針を知ろう

▼経営理念や経営方針も見ておく

企業のホームページには、投資に欠かせない**決算短信**（74ページ参照）や有価証券報告書など、必要な情報が掲載されています。

このような株主や投資家に向けて、企業が経営状況を伝える活動を「**IR**」（投資家向け情報）といいます。

企業トップのメッセージも載っており、企業の理念や目指す方向性を示すもので、チェックしておきたいところです。

決算後には、主に財務などの数値を記した決算短信に加えて、決算の詳細や今後の業績の見通し、今後の経営方針なども記した決算説明資料も発表されます。

▼業績の変化を見逃さない

株価に大きく影響を与えるのが、業績の「変化率」です。

決算短信を見る際も、現在の業績に加えて、今期末の「**会社計画**」（業績の予想数値）を重要視しましょう。とくに数値が「上方」または「下方」に修正されていれば株価への影響に注意が必要です。

業績予想が上方修正されると、投資家の期待が高まり株価にはプラスに作用します。逆に下方修正されれば、投資家の失望から株価にはマイナスに作用するためです。

修正幅が大きければ大きいほど、株価に与えるインパクトは大きくなります。

コラム 中期経営計画の活用法

企業が3年から5年後のスパンで策定される事業計画や投資計画のほか経営方針や年度ごとの業績計画なども示されており、長期投資を行うときは、大いに参考になる。あくまで計画なので、実際には未達のこともあり、100%信用できるものではない点には注意。

企業HPのココをcheck!

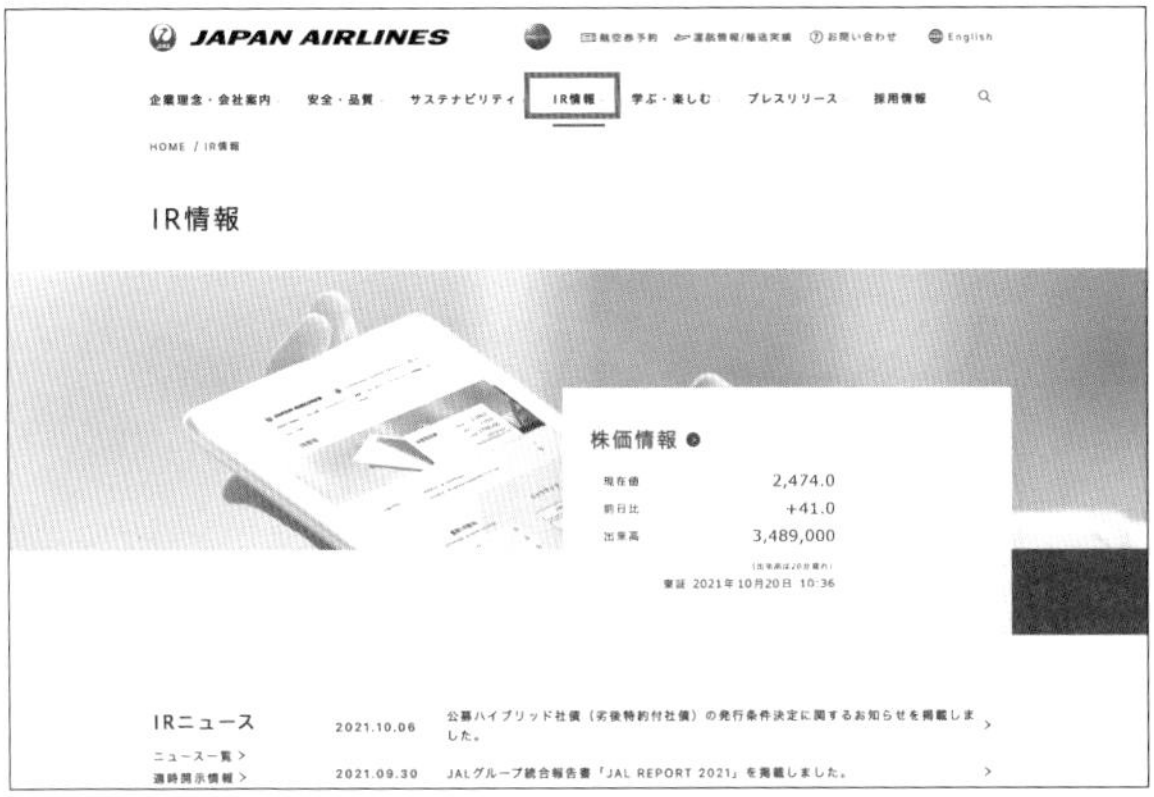

IR＝インベスターリレーションズ

企業が投資家向けに
経営状態を広報したもの

経営者メッセージ

企業トップからのメッセージが「代表者挨拶」「トップメッセージ」などと題して掲載される。企業の基本理念などが確認できる。

中期経営計画

企業が成長するために今後3～5年間で行なわれる事業計画。中期的に目指す企業の在り方と現状とのギャップを埋めるための方策を示す。

決算短信

企業が決算から1～2か月以内に業績を投資家に公表する書類
→株価にも大きく影響する

株主優待情報

企業が個人の投資家向けに還元するサービス
自社商品や割引券のプレゼントが多い

◀ NEXT 決算短信をチェックする

決算短信をチェックする

▼利益の増減をよく見る

どの会社に投資すればいいか判断するうえで、業績をチェックすることは欠かせません。上場企業は年4回、3か月ごとの決算が義務づけられており、「**決算短信**」として一般投資家にも開示されます。

まずは「決算短信」の1ページ目。業績全般のサマリーで、業績全般の基本的なデータに注目しましょう。

決算短信では、まず「売上高」「営業利益」「経常利益」「当期純利益」が会社の営業成績として示されます。

それぞれの項目があらわす意味から説明していきます。

▼それぞれがあらわす会社の成績

「**売上高**」……商品やサービスを提供して、収入として会社にどれだけのお金が入ったかを示します。

「**営業利益**」……売上高から「売上原価」「販管費」を差し引いたもの。本業によって得られた利益を示します。株価に一番インパクトがある利益といえます。

「**経常利益**」……本業以外の収益と費用を合算して出た数値。「有価証券の売却益」「不動産の売却益」などが加味されます。

「**当期純利益**」……経常利益から税金を支払った残り。さらに1株当たり利益や配当も示されます。

用語解説 損益計算書

貸借対照表とともに、企業の財政状態を知るうえで不可欠な財務諸表。損益計算書では収益と費用、その差額である損益がわかる。業績はどれほどか、本業の儲けはどうかなどを確認し、株取引の際の判断材料に使う。

企業の決算短信を読みとこう！

売上
企業が商品・サービスを売って得たお金

営業利益 原価や人件費
売上から原価や販管費（人件費）などを抜いたもの
＝本業での儲け

経常利益 営業外損益
営業利益に金融資産による儲けや損を追加したもの

営業利益率の目安は業種によって違うけれど
不動産で10%　小売業では1.5%程度

これが決算短信！
企業のHPなどから入手できます

2023年3月期　第3四半期決算短信〔日本基準〕(連結)

2023年1月30日

上場会社名　株式会社●●●●　上場取引所　東
コード番号　××××　URL　https://www.xxxxx.co.jp
代表者　(役職名)　代表取締役社長　(氏名)　●●●●
問合せ先責任者　(役職名)　財務経理部長　(氏名)　●●●●　(TEL) ××-××××-××××
四半期報告書提出予定日　2023年1月31日　配当支払開始予定日　—
四半期決算補足説明資料作成の有無　：有
四半期決算説明会開催の有無　：有　（ 機関投資家向け ）

(百万円未満切捨て)

1. 2023年3月期第3四半期の連結業績（2022年4月1日～2022年12月31日）

(1) 連結経営成績(累計)　(%表示は、対前年同四半期増減率)

	売上高		営業利益		経常利益		親会社株主に帰属する四半期純利益	
	百万円	%	百万円	%	百万円	%	百万円	%
2023年3月期第3四半期	79,671	△9.6	33,332	△5.0	33,564	△7.1	23,610	△11.6
2022年3月期第3四半期	88,163	35.9	35,096	43.9	36,148	50.1	26,708	52.4

(注) 包括利益　2023年3月期第3四半期　25,764百万円（ △4.5%）　2022年3月期第3四半期　26,978百万円（ 55.5%）

	1株当たり四半期純利益	潜在株式調整後1株当たり四半期純利益
	円 銭	円 銭
2023年3月期第3四半期	112.09	—
2022年3月期第3四半期	125.10	—

まずはココを見る！

(2) 連結財政状態

	総資産	純資産	自己資本比率
	百万円	百万円	%
2023年3月期第3四半期	185,719	147,715	79.5
2022年3月期	187,365	146,475	78.2

(参考) 自己資本　2023年3月期第3四半期　147,715百万円　2022年3月期　146,475百万円

2. 配当の状況

	年間配当金				
	第1四半期末	第2四半期末	第3四半期末	期末	合計
	円 銭	円 銭	円 銭	円 銭	円 銭
2022年3月期	—	18.00	—	28.00	46.00
2023年3月期	—	23.00	—		
2023年3月期(予想)				23.00	46.00

(注) 直近に公表されている配当予想からの修正の有無　：　無

3. 2023年3月期の連結業績予想（2022年4月1日～2023年3月31日）

(%表示は、対前期増減率)

	売上高		営業利益		経常利益		親会社株主に帰属する当期純利益		1株当たり当期純利益
	百万円	%	百万円	%	百万円	%	百万円	%	円 銭
通期	125,000	13.6	50,000	16.5	50,000	12.8	36,500	12.1	173.60

(注) 直近に公表されている業績予想からの修正の有無　：　無

四半期と通期で発表！

上場企業には提出義務があり、貸借対照表や損益計算書をはじめとした決算情報がもっとも早く開示される

注目❶ 経営成績

会社の売上や利益などがわかる。前年同期の数字と比較してあるので、今期の会社の好不調を読み取ろう！

注目❷ 業績予想

会社の1年間の業績予想が出ている。業績によって修正された場合は、株価に大きく影響するので要注意！

※左は四半期決算短信の1ページ目。このあとも発表数字についての細かな説明が続く

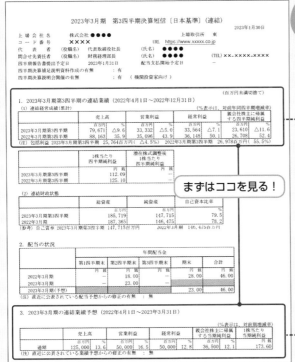

「現在」より「未来」を見る

赤字から黒字に転換する会社を狙う

▼会社の「変化率」に目をつける

株取引では「業績」が良い会社の株を買うのが基本です。では、業績が現在絶好調の会社の株が狙い目かというと、必ずしもそうとは限りません。今期、業績が良くてもその「材料」はすでに「織り込み済み」で、株価が高くなっている場合があります。それどころか来期以降、業績が悪くなるようであれば、株価は下がるに違いありません。**株価は会社の、現状より未来に向けての「変化率」に反応します。**

▼決算時や決算短信時の変化に注目!

経営の成績表である決算や決算短信の発表時は、株価が変動しやすくなります。次のような項目の変化にも注意を払いましょう。

「**業績**」…以前に発表されていた予想数値に比べ、「上方修正」されれば、市場ではインパクトがある材料と受け止められ株価は上がります。とくに「赤字」から「黒字」に転換する場合は要注目。それまで株価が安値に放置されていた可能性が高く、上昇しやすいでしょう。

「**業績予想の修正**」…もともとの業績予想値に比べ、「上方修正」なら株価にプラス、「下方修正」ならマイナスです。とくに市場の期待する予想値と乖離が大きいほど、サプライズとなって、値動きが大きくなります。

「**配当**」…「無配」から「復配」、あるいは「増配」も株価にはプラスです。

こんな経済指数もある　消費者物価指数

消費者が購入するモノ・サービスなど物価の動向を把握する経済指標。国民の生活が豊かになり、モノを買う頻度が多くなれば物価は上昇。逆にお金回りが悪くなれば物価は下がる傾向にある。国民の生活水準を示す指標ともいえる。

会社の変化に注目しよう

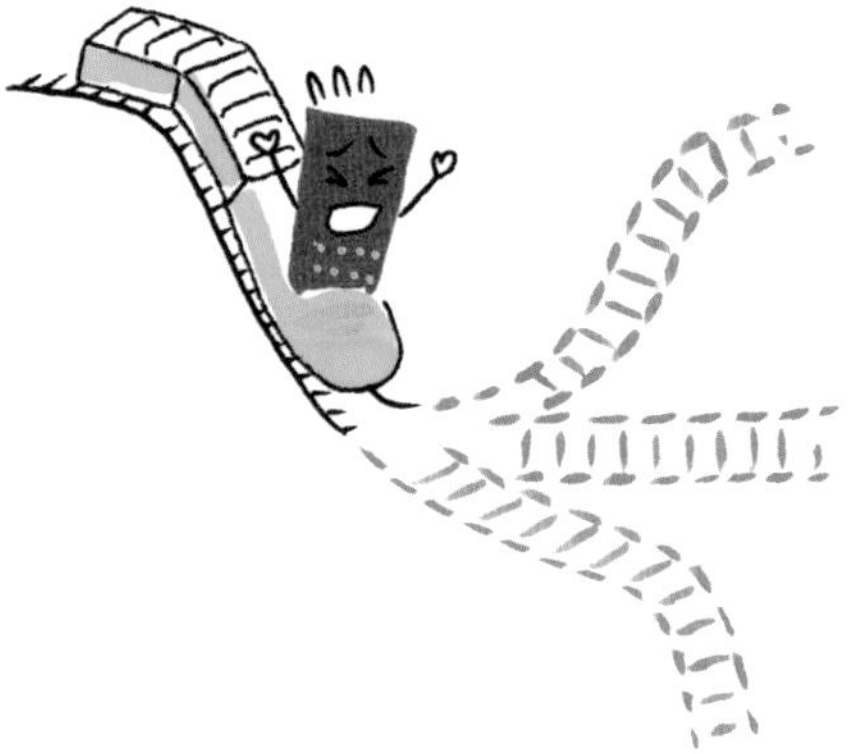

投資家は
会社の未来を見ている

企業が上方（下方）修正するタイミングに注意

●決算時に注意すべき来期予想の変動目安

売上	±10%以上	経常利益	±30%以上
営業利益	±30%以上	当期純利益	±30%以上

上方修正→株価アップ

赤字→黒字
無配→復配
} **決算発表の前に発表されやすい**

下方修正→株価ダウン

黒字→赤字
減配
} **決算と同時に発表されやすい**

◀ NEXT　予想外の修正発表で株価は大きく動く

事例で確認

予想外の修正発表で株価は大きく動く

上方修正でストップ高

決算短信などで、事前の予想から乖離した数値が出た場合、「**サプライズ**」として株価が大きく反応する傾向があります。

２０２３年４月14日、新電力・新ガス関連サービスのラストワンマイル（９２５２）が第２四半期決算発表と同時に前回予想比で増収・増益の上方修正を行ないました。

経営改革を浸透させた結果、業務の効率化が進み売上とともに利益も上振れ。市場はこれを好感したのです。

中間決算で上方修正された場合、通期決算でも業績好調が期待されるため、株価は上昇トレンドに乗りやすいといえるでしょう。

業績悪化で株価は大幅に下落

逆に事前の予想から下方修正され、株価が下落した事例を見てみましょう。

２０２３年３月22日、化学メーカー大手の日本触媒（４１１４）が業績予想を下方修正しました。売上は従来予想から２００億円少ない４２００億円、営業利益は55億円少ない２１０億円（前期比27・２％減）。

業績が振るわない原因は製品の販売量の落ち込みによるもの。この発表を受けて翌日の株価は８・８％もの大幅下落を見せました。

企業が発表するリリース、とりわけ「上方修正」「下方修正」など業績に関するニュースからは目が離せません。

コラム 上方修正が発表されやすい企業はある？

企業により、業績予想には個性がある。強気な予想を出す企業と、控えめな予想を出す企業では、後者のほうが上方修正の可能性は高いといえる。過去の修正発表のタイミングや内容を調べてみると、その企業の予想のクセが見えて、チャンスに備えやすい。

上方修正・下方修正と株価の関係

●上方修正でストップ高に

ラストワンマイル（9252）

●下方修正で株価が下落

日本触媒（4114）

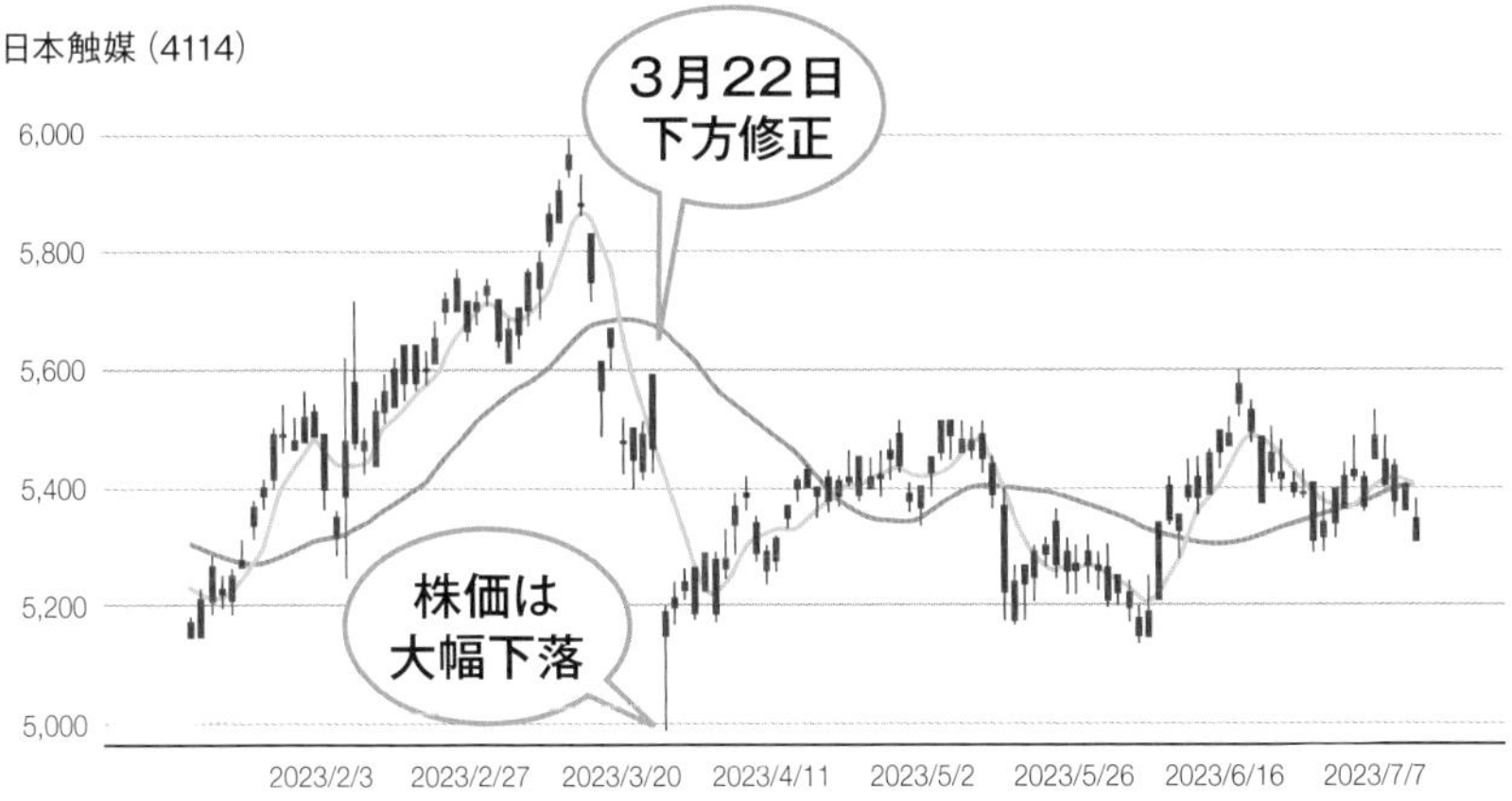

世界に目を向ける

海外市場の動向を確認！

▼ニューヨーク市場と日本株の関係

いまや日本経済もグローバル化しています。とりわけ経済大国のアメリカとは経済面で強い連動性が見られます。

とくに世界最大の株式市場ニューヨーク市場の動向には注意しましょう。ニューヨーク市場の株価が上昇すれば日本株も上がり、逆に下落すれば日本株も下がる傾向が強いからです。

日本の株式市場に参加する投資家の６割ほどは外国人投資家といわれています。その多くはアメリカを母国としています。

ニューヨーク市場で暴落が起こると、損失をこうむった外国人投資家がその穴埋めのために日本株を売却することが多いのです。

▼アメリカ以外の国にも注目

近年、アメリカに変わって台頭してきたのが中国です。いまや日本の貿易相手国は中国が第一位となっています。かつて**毎年１０％前後の経済成長を遂げた中国経済ですが、近年は成長も緩やかになり、急速に進む少子高齢化も懸念されます。影響に注意が必要です。**

ほかにも政変や紛争といった出来事も株式市場に大きな影響を与えます。

２０２０年に発生した新型コロナウイルスによるパンデミックは株式市場を大きく揺るがせました。

また２０２２年にロシア軍がウクライナに侵攻したときも世界の市場を痛撃しました。

用語解説 地政学リスク

特定の地域での政治的、軍事的、社会的な緊張が、その地域や世界全体の経済に与えるリスク。株式市場のみならず債券や為替、コモディティ（商品）に影響をおよぼす。たとえば中東でのテロや紛争などは原油価格を上昇させる。

アメリカと日本の株価の動き

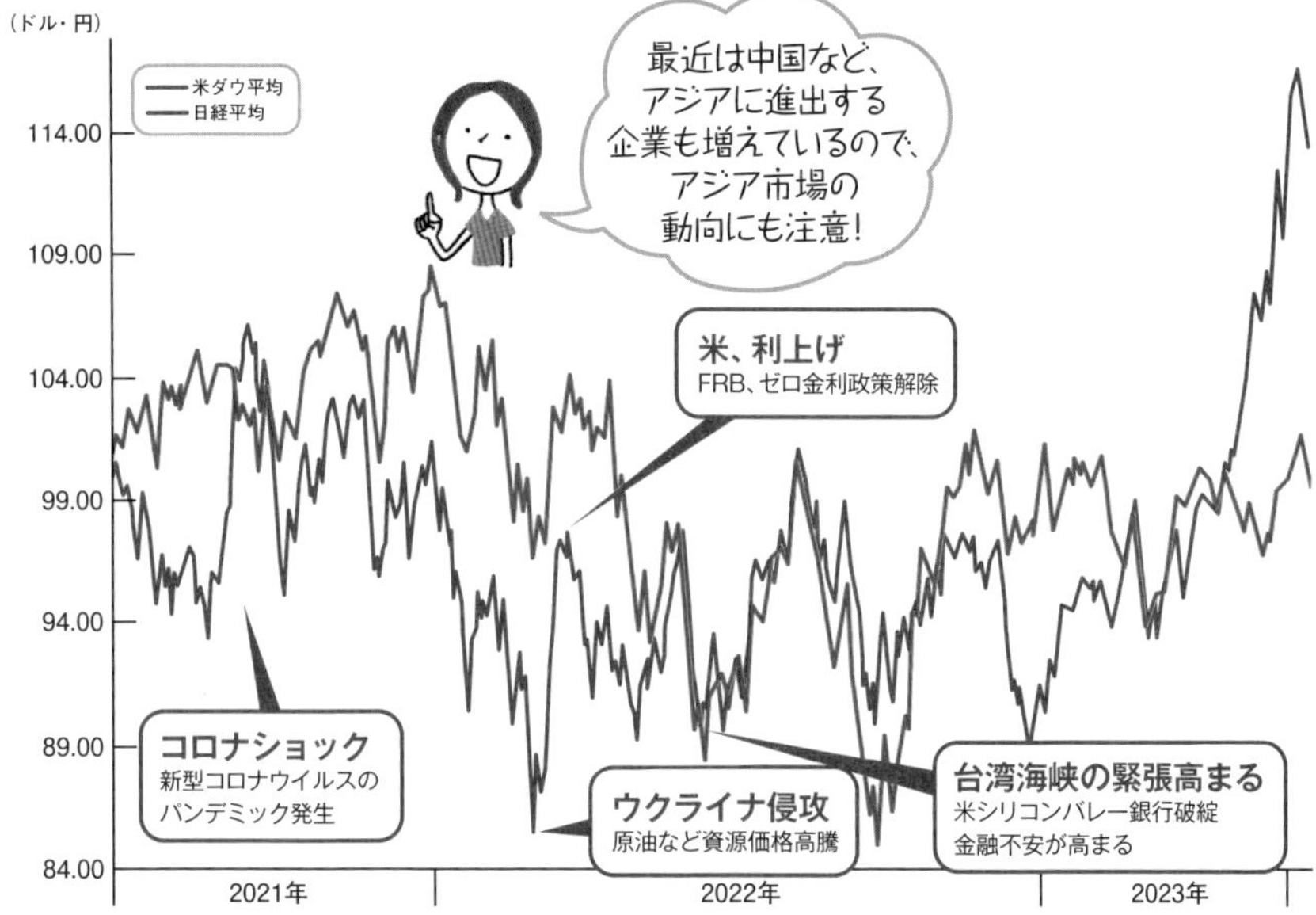

世界全体のニュースも知る必要がある！

株価に影響を与えた世界の出来事

コロナショック

2020年初頭から新型ウイルスによる感染症が拡大。3月11日、WHOが新型コロナウイルス感染症はパンデミックであると表明。翌12日、世界の株式市場が大暴落。ブラックサーズデイ（黒い木曜日）と呼ばれるようになった。

ウクライナ侵攻

2022年2月24日、ロシア軍がウクライナに侵攻した。これに対しアメリカをはじめとする西側陣営はウクライナを支援。ロシアは中国の支援を受けて戦いは激化している。原油や天然ガスの価格が上昇し、世界経済に動揺を与えた。

ゼロ金利政策解除

米FRBは2022年3月17日の会合で政策金利を0.25%引き上げることを決定。コロナ禍で2年ほど継続してきたゼロ金利政策を解除。これによってインフレ抑制を目指すこととなった。今後も利上げを続けるとした。

◀ NEXT 為替の動きをチェック！

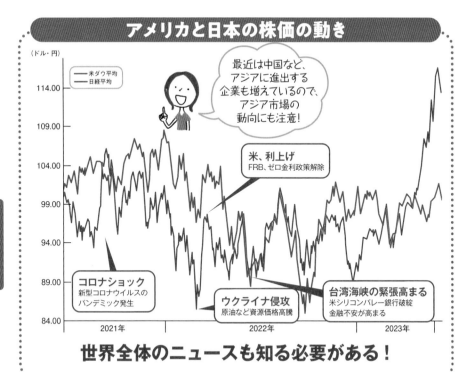

「円高」と株価の関係

為替の動きをチェック！

▼輸出産業に「円高」はマイナス

毎日のように**「円高」「円安」**というニュースが流れています。為替はそれほど経済に大きな影響を与えるのです。

「円高」「円安」といわれるのは、主に対米ドルについてのことです。アメリカは世界経済の中心であり、日本にとってもアメリカとの貿易は大きな割合を占めているからです。

輸出主導の日本経済にとって「円高」はマイナス材料です。たとえば、同じ商品を1ドルで売ったとしても、円高（ドル安）になれば、外国に商品を売った日本企業の儲けは減ってしまいます。また、円高により輸出する商品そのものが輸出先で値上がりし、売れにくくなることもあります。そのため輸出の割合が大きい、自動車や家電のメーカーは「円高」になると敏感に株安となって反応します。

▼輸入産業は円高で株価上昇

しかし「円高」が、すべて株価にマイナスというわけではありません。**輸入業者にとっては、外国の商品を安く仕入れることができるのでプラス要因です。**

たとえば鉄鋼メーカーは、原材料となる鉄鉱石を主に外国から輸入しています。円高になれば鉄鉱石を安く手に入れられるので、業績にはプラスです。市場では、それを見込んで株価が上昇します。逆に円安になれば、その反対の動きを示します。

用語解説　日銀短観

日本銀行（日銀）が民間企業の景気の様子を調査したもの。全国の主要企業9000社以上に対し、年4回調査票を送り、その回答を集計している。調査の翌月に発表されることから速報性が高く、株価などに影響を与える指標として重視される。

円とドルの為替レート

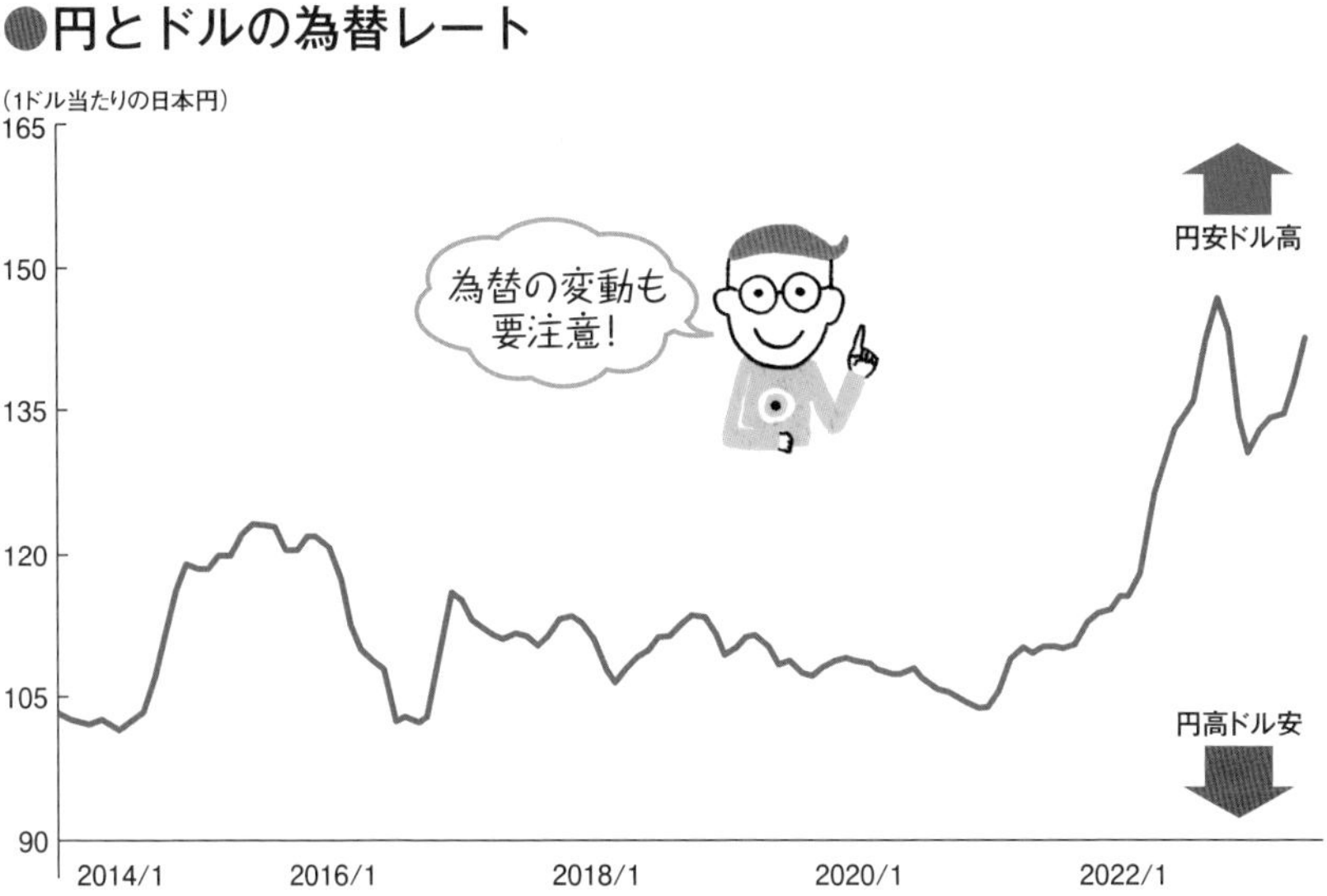

円高は輸出企業に大きく影響

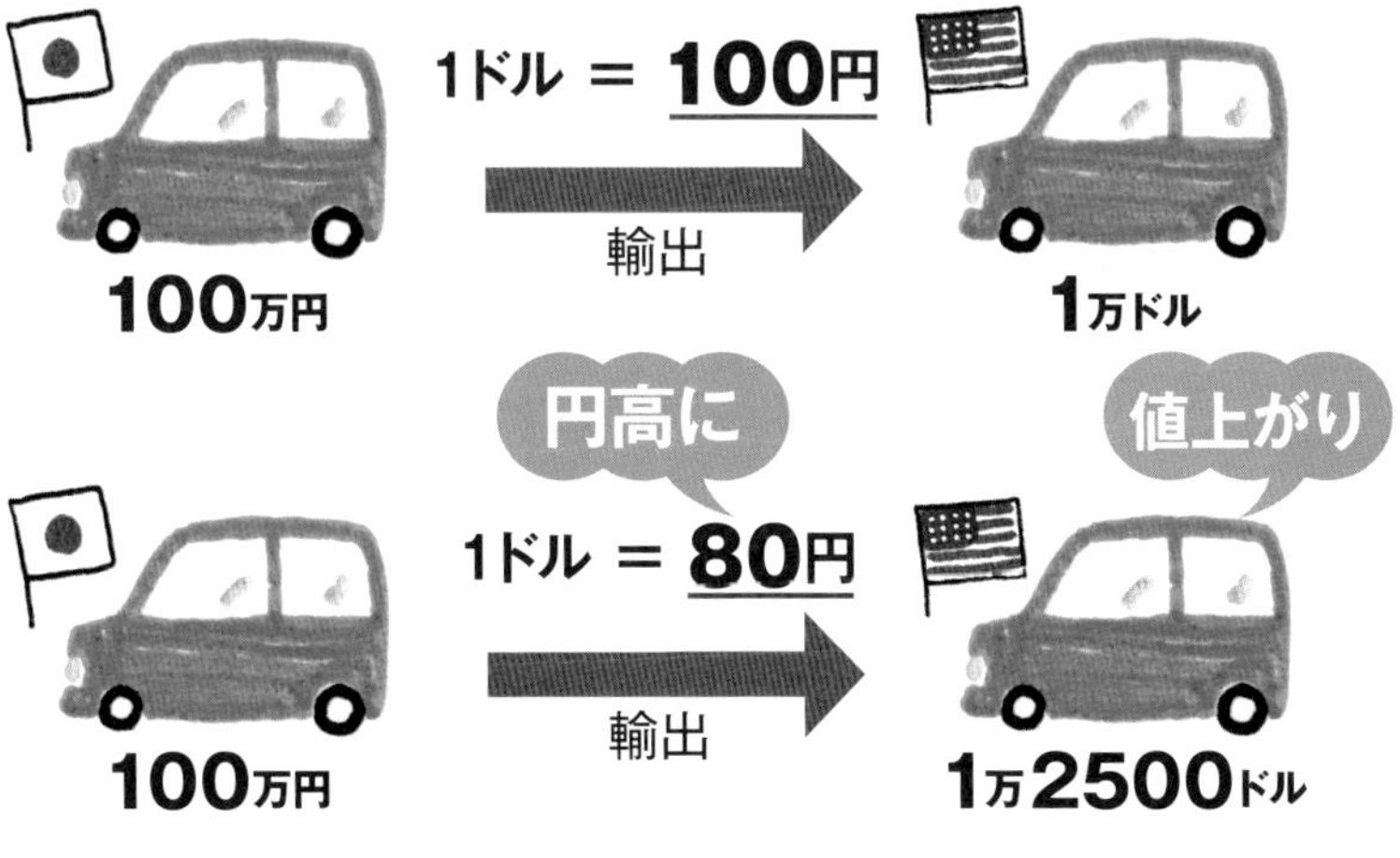

**円高が販売価格に影響し
商品が売れにくくなることも……**

買おうとしている会社の株価はおトク？

重要指標① ＰＥＲ＝割安度を利益から判断

▼1株当たりの利益から探る

経済状況や会社の業績を見て株を買いたいと思っても、その株が実際に「高いのか安いのか」は判断しにくいものです。ここからは、その判断基準となる指標について説明します。

まず、株取引でよく使われる指標に**ＰＥＲ（株価収益率）**があります。株価収益率というと少し難しく思えますが、カンタンにいえば「株価が1株当たりの利益の何倍か」ということなのです。つまり、**ＰＥＲが低いほど会社が生み出す利益に対して株価が割安、ということになります。**

具体的な計算方法は「株価を1株利益で割る※」となっています。

▼同業他社と比較してみる

たとえばA社の1株利益が２００円だったとします。株価が５０００円だとしたら、A社のＰＥＲは25倍になります。言い換えると、「A社に投資したお金の回収まで25年かかる」ということ（左図参照）になります。

これから株を買うのなら、なるべくＰＥＲが低い銘柄を選ぶべきです。その際に気をつけたいのが、業種によってＰＥＲの水準が異なること。たとえばＩＴ関連企業は、成長力への期待が高く、ＰＥＲが高い（１００倍を超えるＰＥＲも珍しくありません）傾向にあります。**たんに数字だけを見るのではなく、同業他社と比較してみましょう。**

※1株利益は純利益（税引き）を発行済み株数で割ったもの

もっと詳しく！PER ▶▶ **予想PERと実績PER**

PERには予想と実績の2種類がある。予想PERは決算短信などで発表される業績の予想値をもとにし、実績PERは過去の決算をもとにそれぞれ算出される。どちらがいいとは一概にいえないが、株価は将来を予想して動くので、予想のほうが参考になるとの見方もある。

PERでわかる割安度！

●PERの求め方

PER ＝ 株価 ／ 1株利益

- 株価 ➡ 市場で取引される**1株の値段**
- 1株利益 ➡ 1株当たりの**会社の純利益**

たとえば…

A社

●株価　5000円
●1株利益　200円

買った値段

5000円 ／ 200円 ＝ PER 25倍

投資したお金の回収に
25年かかる？

会社を丸ごと
買うと考える！

A社

●時価総額
500億円
●1年で稼ぐ利益
20億円

買った値段

500億円で買った会社が
1年に**20億円**稼ぐ場合、
買ったお金を回収できるのは
25年後

これがPER

500億円 ／ 20億円 ＝ 25倍

回収できる年数が少ないほど割安！

◀NEXT　会社が解散したときの株主の取り分

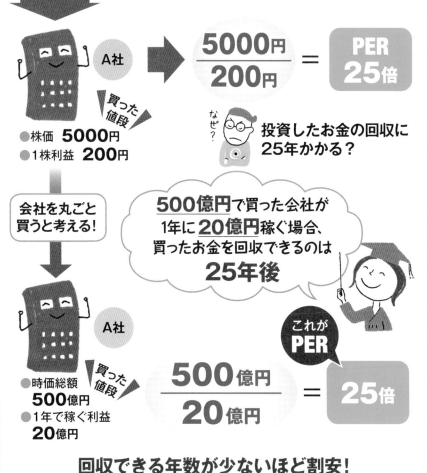

重要指標② PBR＝割安度を資産から判断

会社が解散したときの株主の取り分

▼底値圏かどうかの目安になる

PERが株価を利益から判断するのに対し、**株価を会社が持っている財産（純資産）から判断するモノサシがPBR（株価純資産倍率）です。**

これは、株価を1株当たりの純資産（BPS）で割って求められ、会社が仮に解散したとしたときの株主の取り分を示します。

PBRが1倍なら、株価と同じ資産を受け取れることになります。PBRが1倍を割ったら、解散価値より株価が下回っているということになります。そのため、PBRが1倍未満ならその会社の株価は底値圏にある、との見方ができます。

ただ会社の資産でも、「含み損」や「隠れ借金」はそのなかに含まれていません。そのため、あまりにPBRが低いときは、〝倒産シグナル〟という見方もできるのです。

▼低成長時代はPBRをチェック

一般的に景気が上向きで、経済が成長しているときは、PERが重視されます。

逆に**景気が悪く、経済が停滞しているときはPBRが重視されます。**

なぜなら景気が低迷しているときは、会社も利益をあまり出せないので、PERが参考になりにくいからです。また「万が一」の倒産を考えて、そのリスクも含めPBRに重きを置くという理由もあります。

コラム PERが当てにならないとき

将来の成長性を高く見込まれた企業の場合はPERが高くてもなお、買われやすい。また、最終益が赤字の企業の場合、PERは算出されない。ほかにも特別利益、特別損益など特殊な事情で異常値が出るケースもあるので注意したい。PBRなど他の指数も併用しよう。

PBRは資産から割安度がわかる！

●PBRの求め方

$$\text{PBR} = \frac{\text{株価}}{\text{1株純資産}}$$

株価 ➡ 市場で取引される**1株の値段**

1株純資産 ➡ 1株当たりの**会社の純資産**

会社の総資産

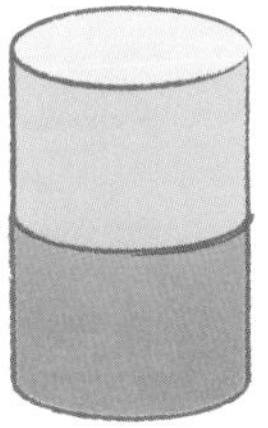

負債 ➡ **借金など**

純資産 ➡ **会社に残るお金**

つまり、PBRは会社の解散価値から株価を判断する

○×社の株価

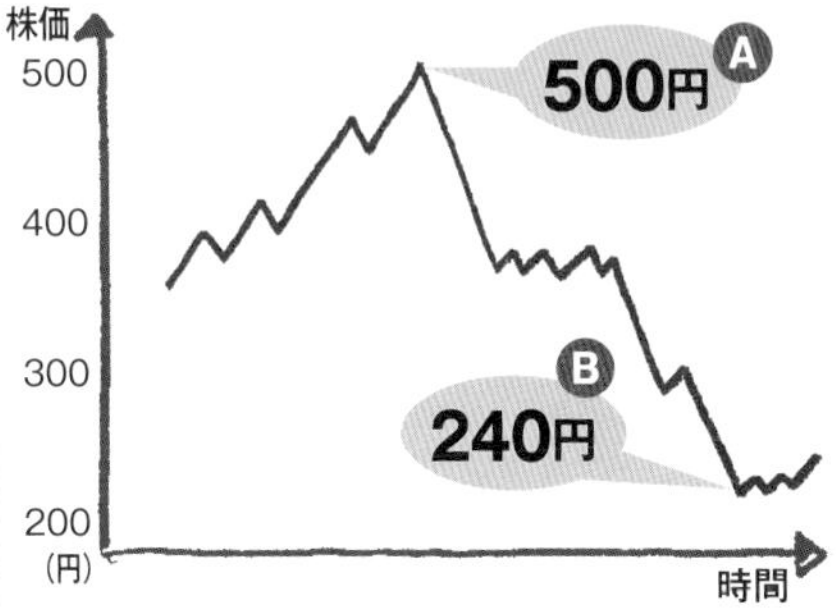

たとえば

○×社の1株純資産が 250円 とすると

Ⓐのときの PBR

$$\frac{500\text{円}}{250\text{円}} = 2\text{倍}$$

実際より**倍の評価**がされている

Ⓑのときの PBR

$$\frac{240\text{円}}{250\text{円}} = 0.96\text{倍}$$

実際より**低い評価**がされている

◀ NEXT 株主資本が有効に使われているか

株主資本が有効に使われているか

重要指標③ROE＝割安度を経営効率から判断

▼経営が効率的かそうでないか

企業の収益性を測るモノサシもあります。それが**ROE（株主資本利益率）**です。

これは、株主の持ち分である株主資本※に対して、どれだけの利益が上がっているかを示します。求め方は、税引き後の利益（当期純利益）を株主資本で割ります（×100＝%）。

ROEが高いと、会社が株主資本を効率良く使い、利益を上げるために上手な経営が行われていることを示しています。逆に、ROEが低い場合は、資金をうまく使いこなせない下手な経営を行っていることになります。

生命保険会社など機関投資家といわれる大株主が、この指標を重視する傾向にあります。

▼うまく組み合わせて使いこなす

株価水準を測る指標はほかにもありますが、ここで紹介したPER、PBR、ROEが代表的な指標です。**一つの指標にとらわれることなく、あらゆる角度からうまく組み合わせてチェックするのがコツです。**

では、これらの指標をどこでチェックすればいいのでしょう？『会社四季報』などの投資情報誌にも掲載されており、また、各証券会社のサイトでも見ることができます。

とくにネットでは、「Yahoo!ファイナンス」などで「低PER」「高PER」のランキング検索もできるようになっています。

※株主資本は、株主が出資した資本金や資本準備金と、それを使って得た利益（利益準備金や余剰金）のこと

こんな指標もある　ROA（総資産利益率）

ROEと同じく、会社がどれだけ効率良く利益を上げているかをあらわす指標だが、こちらは負債を含む総資産をもとに算出される。計算式は「当期純利益 ÷ 総資産 × 100」。ROAが高い会社ほど、資産を効率良く使い利益を上げていることになる。

複数の指標をうまく使おう！

3つの指標の組み合わせで判断

- **PER**：会社の利益から見て株は割安？
- **PBR**：会社の純資産から見て株は割安？
- **ROE**：どれだけ効率の良い経営ができている？

同じ業種の会社で比較してみよう

たとえば…

	PER	PBR	ROE	
A社	15倍	0.9倍	15%	経営の効率は良いのに株は低評価
B社	30倍	2倍	20%	経営の効率が良く、株も人気が高い
C社	25倍	4倍	5%	株は人気を集めているが、経営効率が悪い

株の割安度や会社の収益性など多角的に判断して銘柄を選びましょう！

景気が株価を動かす
この経済指標を見逃すな！

▼予想とのズレが決め手

景気動向を示すさまざまな経済指標は市場から大きな注目を集めます。事実、株価に大きな影響を与える機関投資家たちは、この数値を判断材料に動きます。

日銀短観のほかにも、「**機械受注統計**」「**鉱工業生産指数**」「**完全失業率**」など、株式市場に影響をおよぼす指標は数多くあります。

これらの指標は、市場関係者がどれくらいの予想を立てていたかが重要です。発表された数値が前回より強かったか弱かったか。市場の予想と実際に発表された数値の乖離《かいり》があるか。乖離があるとしたらどれくらいか。

発表された数値がほぼ予想どおりであれば、株価は反応しません。ところが大きくズレているようなら「サプライズ」として株価は大きく動きます。

▼出遅れる2番手銘柄を狙う

重要指標に対し、市場に強い影響力を持つ機関投資家たちがどう予想しているかを知ることも大切です。経済シンクタンクや証券会社のHPで情報収集しておきましょう。

はじめのうちは実際に発表された数値に、市場がどう反応するか見てみるのもよいでしょう。**指標の発表に市場が反応した場合、機関投資家があまり手がけない2番手銘柄****（128ページも参照）****に狙いをつけるのも一つの投資法です。**

こんな経済指数もある　景気動向指数（CI,DI）

内閣府が毎月発表する、複数の景気指標を組み合わせて算出される景気動向指数は、景気を総合的に判断する材料として使われる。景気に先行するもの・一致するもの・遅行するもの、の3つの指数に分けられており、算出に使う指標がそれぞれ異なる。

各種統計をチェックしよう！

●経済成長率
（四半期ごとに発表）

国内総生産（GDP）の伸び率をあらわしたもの。前年や前四半期と比べ、どの程度増えたか減ったかをパーセンテージであらわす。

⬇

成長率が高ければ、株式市場全般にプラス。前期と比較してプラス幅が大きいほど株価に好影響。

●機械受注統計
（毎月10日ごろ発表）

主要機械などの製造業者を対象とし、各産業から1か月間にどれだけ受注したかを集計。設備投資の先行指標として注目される。

⬇

市場予想より結果が良ければ、想定以上に景気がいいと判断され、機械メーカーを中心に株価は上昇。

●鉱工業生産指数
（速報値は翌月末）

基準年の平均を100として算出される鉱業、製造業の生産活動指標。この2業種で国のGDPの約4割を占めるため、景気の状況を知るのに重要視される。

⬇

数値が高ければ、鉱工業関連銘柄中心に株価にプラス。確報値は2週間後に発表される。

●完全失業率
（毎月月末。前月のデータを発表）

労働人口（15歳以上）に占める完全失業者の割合。一般的に、景気が悪くなると失業者は増えるため重要な指標となる。

⬇

改善すれば景気が上向いたと判断し、株価はおおむね上昇。事前の市場の予想数値を経済関連のHPなどで確認しておく。

市場予想は各証券会社のアナリストレポートなどでも見ることができるわよ！

PART 3 株の選び方

［まとめ］

□ **株価を動かす要因**は、その会社の状況と会社を取り巻く経済状況

□ 「**売上**は伸びているか」「**利益**は上がっているか」に注目する

□ 新しく開発・販売した**商品の評判**なども株価を動かす

□ **景気がよくなれば**企業の業績もよくなり、投資家の株式投資に投じる資金も大きくなるため株高になりやすい

□ 輸出によって稼ぐ企業の場合、**円高**は業績にマイナス、**円安**は業績にプラスになる

□ **PER**や**PBR**などの指標を目安に株価がおトクかどうか確認できる

チャートで分析！絶好の売買タイミングを知る

チャート

株価の水準を測る

チャートで売買のタイミングを計る！

▼「上げ」か「下げ」かの流れがわかる！

株で儲ける基本は「安いときに買って高いときに売る」です。

とはいえ、いま買おうとしている株価の水準が「安い」のか、「高い」のかの判断は難しいところです。先に紹介したPERやPBRなどで割安かどうかを判断できても、これから株価が上がるかどうかまではわかりません。

そこで現在の株価と過去の株価を比べ、相場の流れやいまの水準をチェックする必要があります。そのときに使うツールがチャートです。このチャートを使って株価の動きを予測する方法を「**テクニカル分析**」といいます。

▼初心者はトレンド系で

テクニカル分析には、トレンド系とオシレーター系といわれるものがあります。**トレンド系は「相場の方向性」を、オシレーター系は「相場の変化・転換」を分析します。**

多くの投資家はこのテクニカル分析とファンダメンタルズ分析（PART3）を組み合わせて使います。**銘柄選びはファンダメンタルズ分析で行い、売買のタイミングはテクニカル分析で見る傾向が強い**ようです。

短期投資、とくにデイトレードではファンダメンタルズ分析はあまり意味がなく、テクニカル分析のみで株の売買を行います。

コラム どの分析方法を使ったらいい？

テクニカル分析には多くの種類があるが、どれを使えば完璧、というような絶対的な法則はない。ただ、「長期投資ではトレンド系分析や長いスパンのチャートが使われやすい」など、投資スタイルによって向き不向きがある。

売買タイミングも重要なポイント

テクニカル分析には2種類ある

テクニカル分析 ⟷ ファンダメンタルズ分析（PART 3）

株価の水準を調べる分析

トレンド分析 ⇒ 相場の流れがいま上昇中なのか、下降中なのかをチェックする（102 ページ）

オシレーター分析 ⇒ 株が水準のなかで買われすぎか売られすぎかを読み取る（112 ページ）

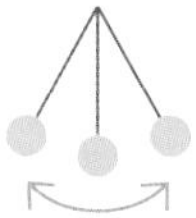

ローソク足の読み方と活用法

一つの記号で4つの株価をあらわす

チャートには株価の動きを単純に折れ線グラフにしたもの（止《と》め足《あし》）もありますが、もっとも一般的なのが「**ローソク足**」です。一日や一週間など、一定期間の株価の動きを一つの記号であらわし、これをつなげてグラフにしたものです。

ローソク足の記号そのものは、「株価が上がったか、下がったか」のほか、「始値《はじめね》」「高値《たかね》」「安値《やすね》」「終値《おわりね》」の4つの価格が示されます。一日ごとの「ローソク足」をとくに**日足**《ひあし》といい（週ごとなら週足《しゅうあし》、月ごとなら月足《つきあし》）、一日の最初の取引でついた値段が始値、最後の取引でついた値段が終値となります。

始値より終値が高くなったときは、ローソクの「柱」の部分を白（あるいは赤）で記します。これをとくに「**陽線**」といいます。

始値より終値が安くなったときは黒（あるいは青）塗りで記し、これを「**陰線**」といいます。

長期か短期かで使い分ける

始値（終値）以上に高値をつけた部分を線であらわし、これを「**上ヒゲ**」、安値をつけた部分を「**下ヒゲ**」といいます。

長期で投資を行うときは週足、月足などのローソク足を使い、デイトレなど短期投資になれば日足、あるいは「60分足」といったローソク足を使います。

コラム ローソク足の色は何色？

ローソク足は江戸時代の相場師・本間宗久が編み出したもの。当時は墨を使っていたので、陽線は白、陰線は黒で表現されていた。現在では、太陽の昇るイメージから陽線を赤、陰線を青と表現する場合が多い。また信号のイメージから、陽線を緑、陰線を赤で表す場合もある。

ローソク足の見方

●株価が上がったとき（日足）

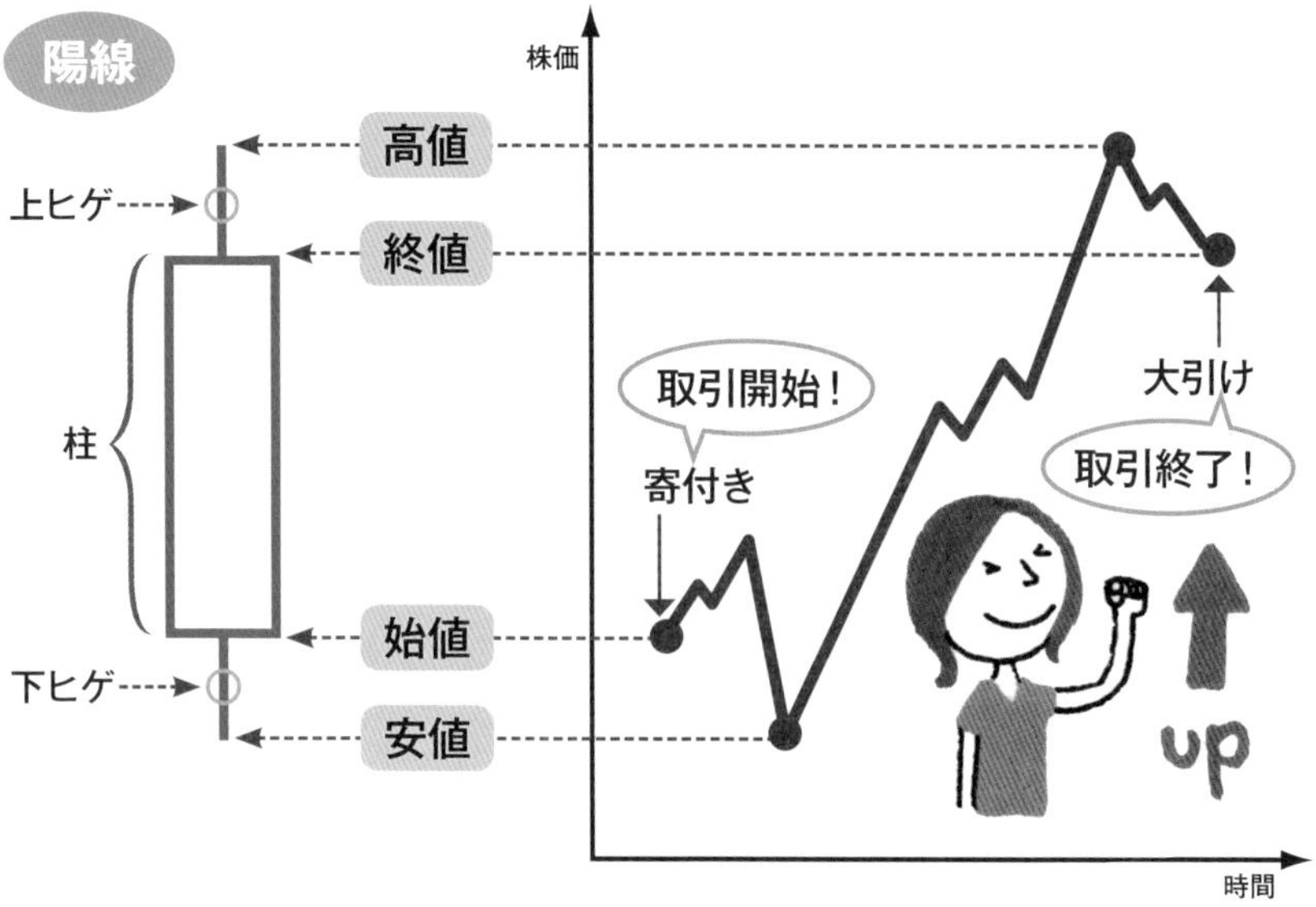

●株価が下がったとき（日足）

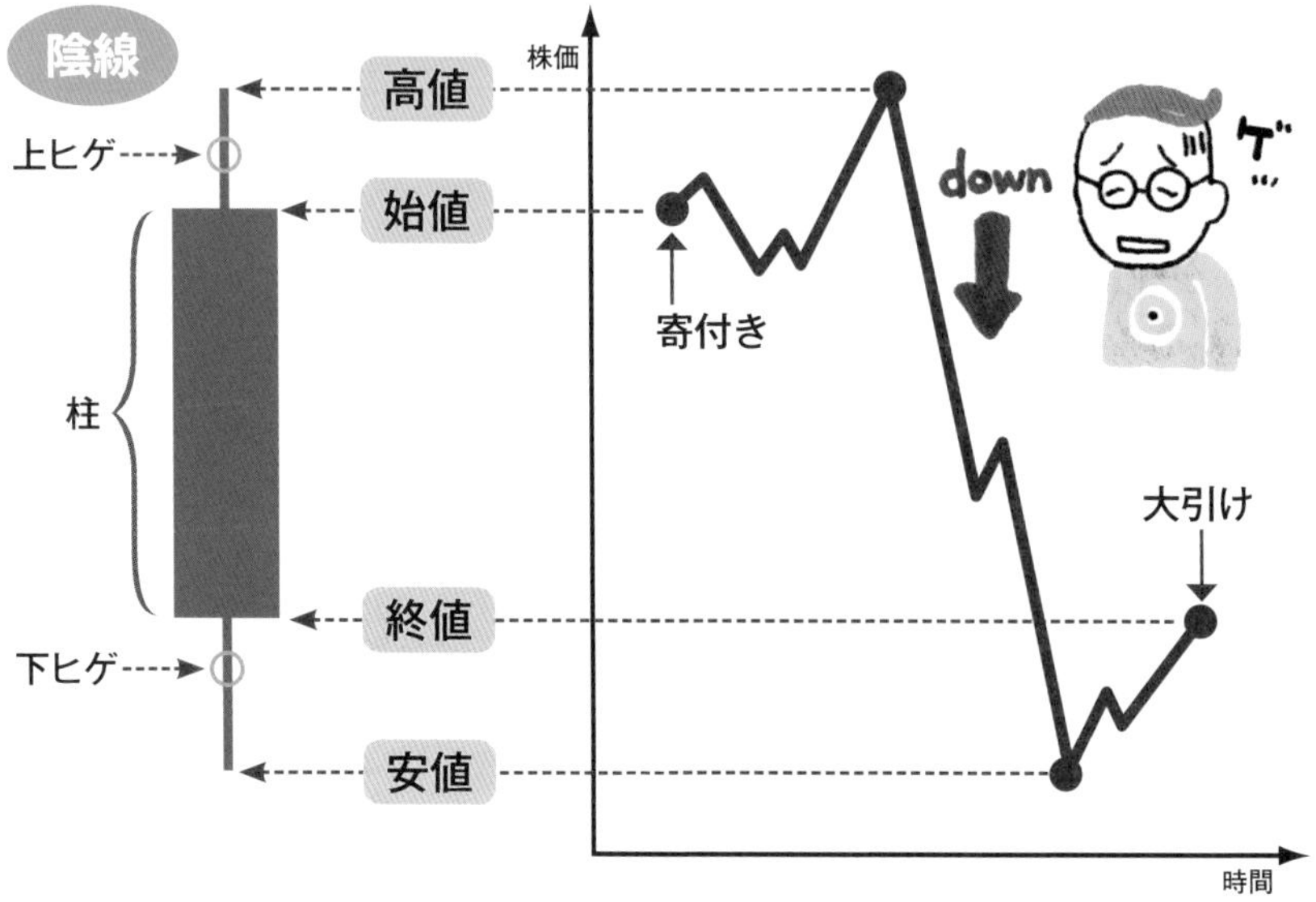

◀NEXT　これが5つの基本パターン！

ローソク足の種類

これが5つの基本パターン！

大陽線《だいようせん》と小陽線《しょうようせん》の区別

ローソク足の一本一本の足型は「**大陽線**」「**小陽線**」「**大陰線**《だいいんせん》」「**小陰線**《しょういんせん》」「**十字線**《じゅうじせん》」の5つに分けられます。

大陽線は始値から終値まで大幅に上がったときの足型です。小幅に上がったときの小陽線とのはっきりした区別はありませんが、大陽線が5％以上の上げ、小陽線が3％以下の上げというのがおよその目安です。大陰線と小陰線はその逆と考えてください。

また大陽線は、今後も相場の勢いが強いシグナルと見るのが一般的で、大陰線の場合は、市場が弱気で占められ、今後も株価が下がっていく確率が高いといえます。

小陽線と小陰線は、株価がたとえ上下に大きく動いたとしても、終値が始値とあまり差がないところに落ち着く**保《も》ち合い**（株価が動かない）状態をあらわします。

相場の転換点を見る十字線

また、ローソク足の足型には陽線、陰線のほかに十字線があります。これは始値と終値がまったく同じ価格になったことをあらわします。そのため柱の部分は一本の横線で示され、主に株価が上昇から下落へ（またはその逆）といった、相場の転換点をあらわすシグナルとして知られています。

とくに底値圏であらわれたら上昇の兆し、高値圏であらわれたら下落の兆しとなります。

用語解説 保《も》ち合い

株価が小幅な値動きにとどまる、またはほとんど動かない状態。投資家のなかでも、株価が上がるという見方と下がるという見方が拮抗しており、見極めが重要になってくる局面。保ち合いが長く続くほど、上（下）へ株価が動いたときに値動きが激しくなる特徴がある。

ローソク足、5つの型とシグナル①

大陽線

・5%以上の株価上昇
・上昇の勢いが強いシグナル

小陽線

・3%以下の株価上昇
・上昇の勢いが弱い保ち合いのシグナル

大陰線

・5%以上の株価下落
・市場が弱気で下落が続くシグナル

小陰線

・3%以下の株価下落
・下落の勢いが弱い保ち合いのシグナル

●十字線のシグナル

イメージ

1日の値動き

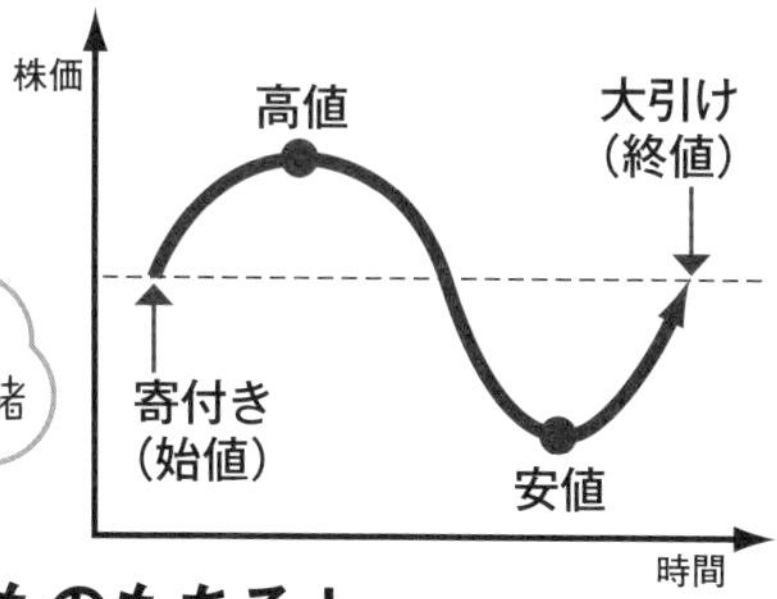

こんなものもある！

トンカチ

長い下ヒゲだけの十字線。**下落相場が一段落**したことをあらわし、相場の転換点を示す

トウバ

長い上ヒゲだけの十字線。**株価が高いときは反落を、低いときは上昇の兆しを示す**

の型とシグナル②

●大陽線のシグナル

↗上昇気運　↘下落気運

陽の丸坊主 ↗

始値が最安値、終値が最高値のかたち。買いの勢いが強いシグナルで、**さらなる上昇が期待できる**

陽の大引け坊主 ↗

寄付き後に安値となりその後上昇し、終値が最高値のかたち。**さらなる上昇が期待できる**

陽の寄付き坊主 ↘

始値から一度も下がることなく上昇を続け、終値が高値より安い場合。**上昇相場での警戒感をあらわす**

●小陽線のシグナル

下影陽線 ↗

株価が大幅に下がるがその後上昇し、終値が始値より高いときのかたち。**将来の株価上昇を暗示する**

※下ヒゲが、小陽線と上ヒゲを足した長さよりも長い

陽のカラカサ ↗

下影陽線の変形。株価が低迷している**底値あたりであらわれると、その後上昇に転じる確率が高い**

上影陽線 ↘

株価が大幅に上昇。しかし、終値が始値よりやや高いところで引けるかたち。**上昇相場が、その後調整に入ることが多い**

※上ヒゲが、小陽線と下ヒゲを足した長さよりも長い

陽のコマ ↘・↗

株価が今後、上がるのか下がるのかを探っている**気迷い相場をあらわす。**次のローソク足が上昇か下落かのカギを握る

※小陽線が上下のヒゲに比べ短い

陽のトンカチ ↘

株価が大きく上昇するが、その後下がり、終値が始値より少し高く引ける。**上昇相場のピーク時にあらわれると下落の兆し**

ローソク足、5つ

●大陰線のシグナル

陰の丸坊主

株価が下落まっしぐらの**非常に弱気な相場をあらわす**。上昇中にあらわれると下落へ転換し、下落中ではさらに下落することが多い

陰の大引け坊主

始値より少し上昇するが、売りの勢いが強く、終値が大幅に下落したかたち。**陰の丸坊主に次ぐ弱気な相場をあらわす**

陰の寄付き坊主

始値から大幅に下落するが、終値が最安値から上昇して引けるかたち。**弱気の相場ではあるが、上昇する可能性もある**

●小陰線のシグナル

下影陰線

株価が大幅に下がるが、やや持ち直したかたち。**底値あたりであらわれると上昇のきっかけと見ることもできる**

※下ヒゲが、小陰線と上ヒゲを足した長さよりも長い

陰のカラカサ

上昇相場なら下落へ、下落相場なら上昇へといった、**相場の転換点にあらわれることが多いシグナル**

上影陰線

株価が大きく上昇するが、最終的には始値より、安く終値が引けたかたち。**弱気の相場を意味し、下落を暗示する**

※上ヒゲが、小陰線と下ヒゲを足した長さよりも長い

陰のコマ

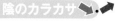

株価が今後、上がるのか下がるのかを探っている**気迷い相場をあらわす**。次のローソク足が上昇か下落かのカギを握る

※小陰線が上下のヒゲに比べ短い

陰のトンカチ

株価が大きく上昇するが、終値が最終的に始値より少し安く引けるかたち。**下落相場の底値あたりであらわれると上昇の兆し**

◀NEXT 「トレンドライン」で好機を見つける

相場の大きな流れをつかむ

「トレンドライン」で好機を見つける

トレンドラインに沿って株価は動く

ローソク足で目先の動きを探ることも大事ですが、相場の大きな流れ（＝トレンド）をつかむのも大切です。株価は刻一刻と動いており、小刻みに上げ下げを繰り返します。

その小さな動きのほかに、トレンドという大きな流れがあります。上昇基調なら「**上昇トレンド**」、下落基調なら「**下降トレンド**」、値動きが一進一退の状況なら「**横ばいトレンド**」であらわされます。

「買い」と「売り」の好機がわかる

トレンドの求め方は、次のように自分でラインを引きます。

株価は小さな「山」と「谷」をかたち作りながら動いていますが、上昇トレンドなら、小さな「谷」（安値）と「谷」を結んで線を引きます。右肩上がりの一本の線が引けますが、これが上昇トレンドライン。とくに「**下《した》値《ね》支持線**」といいます。上昇している株価が下落し、この下値支持線あたりにくると、反転上昇しがちです。

反対に、下降トレンドなら「山」（高値）と「山」を結びます。この右肩下がりの線が「**上《うわ》値《ね》抵抗線**」です。株価が一時的に上昇しても、この上値抵抗線あたりの価格で下落に転じることが多いといえます。

このトレンドラインを見つけられれば、上げ下げしている相場の「谷」で買って「山」で売ることもできます。

用語解説 MACD《マックディー》

2本のライン（「MACD」と「シグナル」）であらわされる指標で、買いと売りのタイミングを示す。一般にMACDとシグナルがゴールデンクロスを形成すると、「買いシグナル」、逆にデッドクロスを形成すると「売りシグナル」といわれている（110ページ参照）。

これが「トレンドライン」の基本3パターン

●上昇トレンド

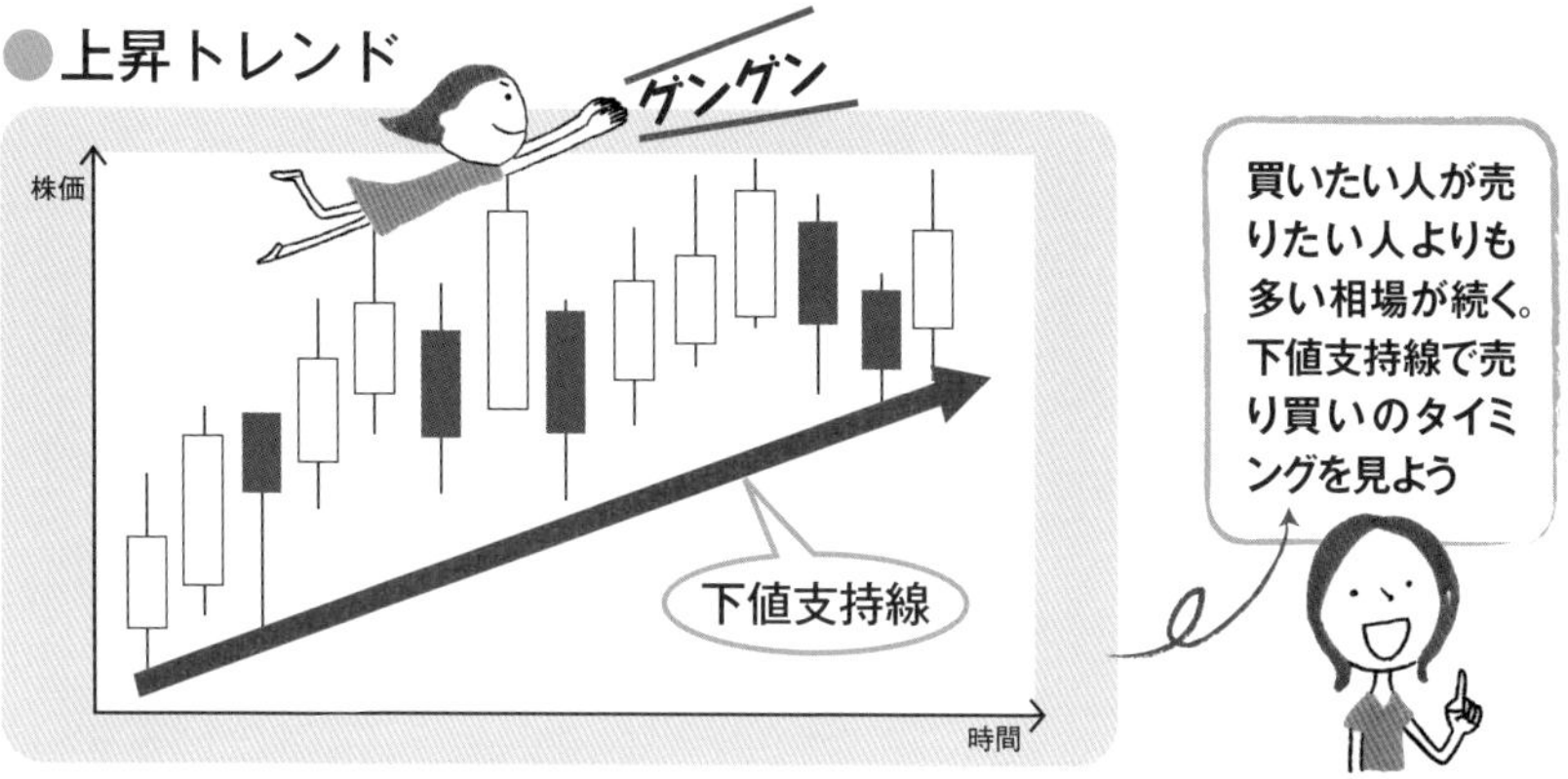

グングン
株価
下値支持線
時間
買いたい人が売りたい人よりも多い相場が続く。下値支持線で売り買いのタイミングを見よう

●下降トレンド

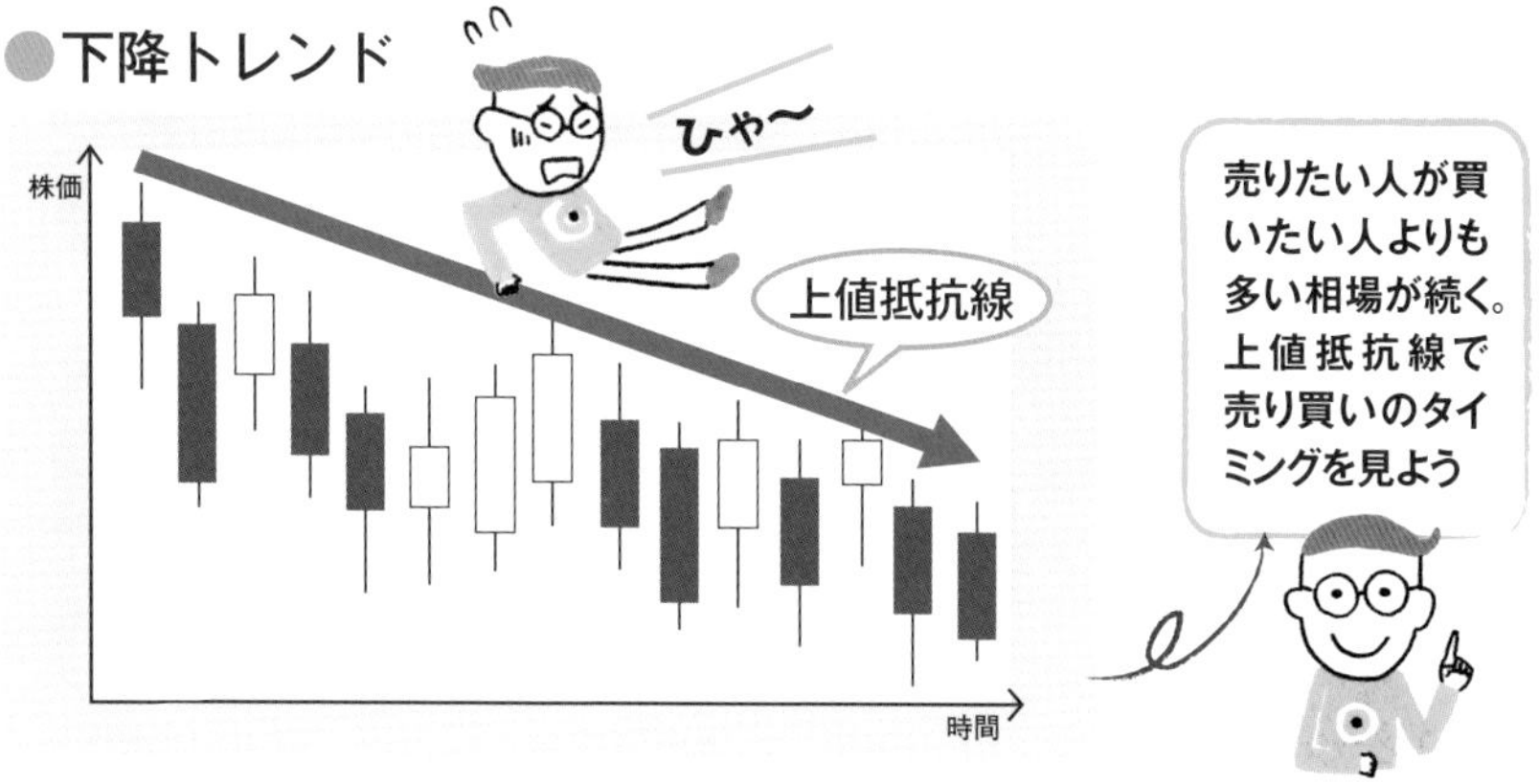

ひゃ〜
株価
上値抵抗線
時間
売りたい人が買いたい人よりも多い相場が続く。上値抵抗線で売り買いのタイミングを見よう

●横ばいトレンド

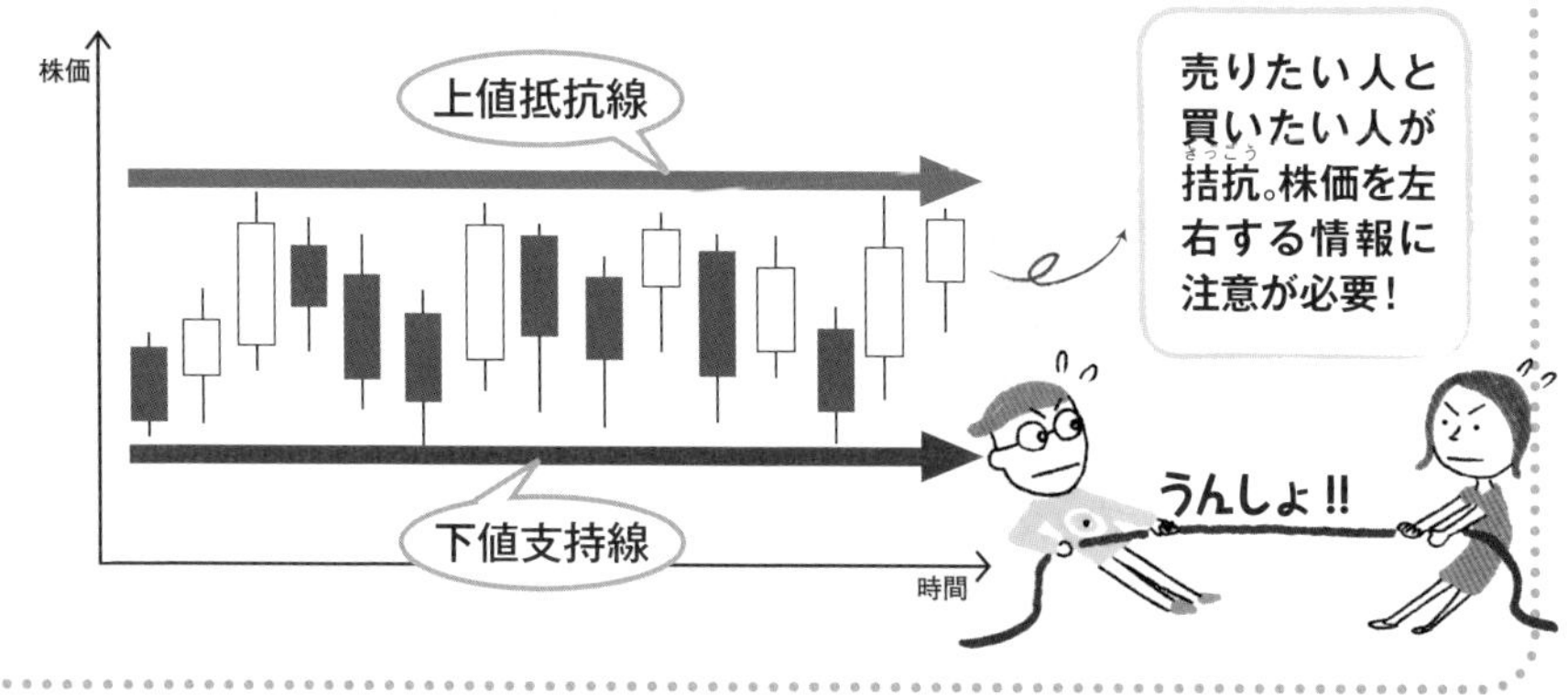

株価
上値抵抗線
下値支持線
時間
売りたい人と買いたい人が拮抗《さっこう》。株価を左右する情報に注意が必要！
うんしょ!!

◀ NEXT　トレンドが変わる瞬間を見逃すな！

トレンドが変わる瞬間を見逃すな！

いつまでも上がり続けることはない

▼株価の流れはいつか変化する

たとえ上昇トレンドにあるときでも、株価がいつまでも上がり続けることはありません。同じく下降トレンドでも、下がり続けることはありません。トレンドは、いつかは変わるもので、これを「**トレンド転換**」といいます。

横ばいトレンド、あるいは下降トレンドから上昇トレンドに転換するポイントを見極めることができれば、そこが絶好の「買い」のチャンスとなり、大きな利益を上げることができます。

トレンド転換が明確にわかるのが、株価がトレンドラインを突き破ったときです。つまり、上昇トレンド（横ばいトレンド）から下降トレンドに転換するときは、株価が下値支持線を下に突き破ったときがトレンド転換点になります。下降トレンド（横ばいトレンド）から上昇トレンドに転換するときは、株価が上値抵抗線を突き破ったときがサインです。

▼抵抗線が支持線に

とくに、上昇トレンドに転じたときを**ブレイクアップ**、下降トレンドに転じたときを**ブレイクダウン**といいます。

ブレイクアップしたあとは、それまでの上値抵抗線が下値支持線に、ブレイクダウンしたときは、それまでの下値支持線が上値抵抗線に、それぞれ変わります。とくに横ばいトレンドからの転換は、買いのチャンスです。

用語解説 ボリンジャーバンド

移動平均線と、その上下の値動きの幅を示す線であらわされる指標で、「統計学的に、この帯（バンド）のなかに収まる確率」が示される。つまり、そこから外れたときは、市場が一方に傾いているため、売られすぎ、買われすぎのシグナルといえる。

トレンドはいつ変わる?

●トレンドラインで売買のタイミングを計る

アイキューブドシステムズ(4495)

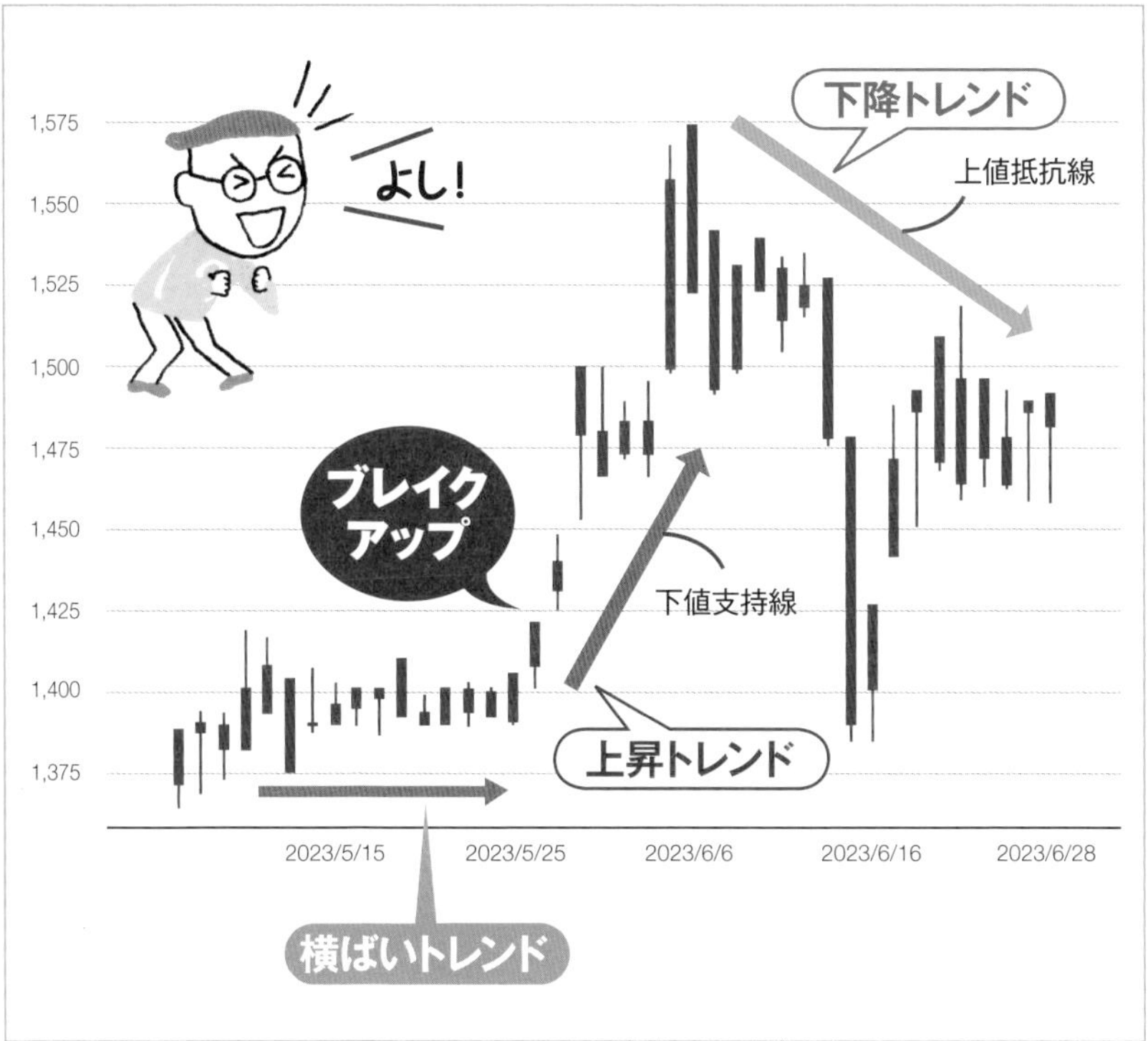

●トレンドの転換点

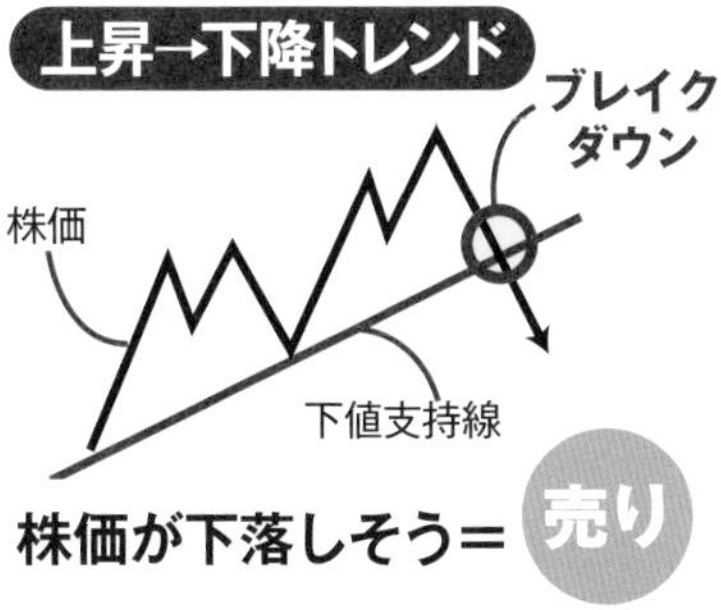

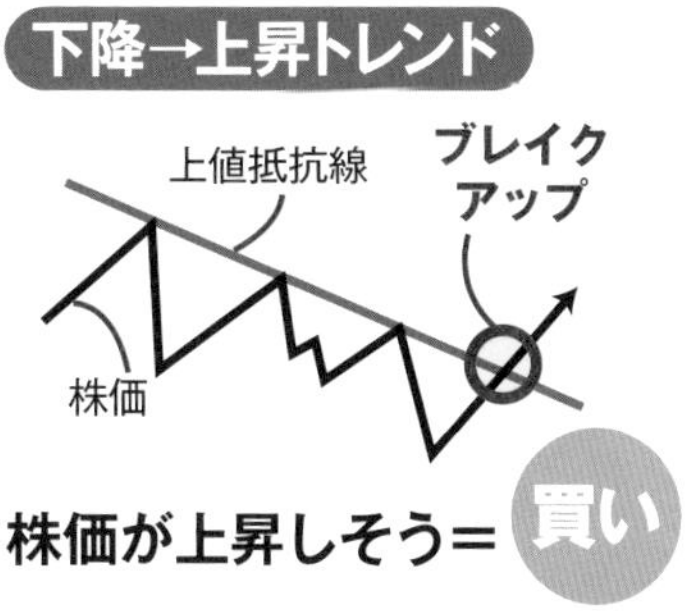

株価が動かなかったらどうする!?

「保ち合い」と「保ち合い放れ」

株価が「踊り場」にさしかかる

株価が上昇の、あるいは下降の途中で、上下どちらにも動かない「もみ合い」の状態になるときがあります。これをとくに「**保《も》ち合い**」といい、株価がいわば踊り場にあるのです。株価のトレンドが一服した状態と思ってください。

株価が一定の水準まで上昇すると、株を売って利益確定する投資家が増えます。さらに買おうとしていた投資家も「様子を見よう」と買いを手控えます。上昇のパワーは衰えますが、少しでも安く買おうとする投資家が「**押し目買い**（109ページ参照）」で注文を入れます。その結果、株価が一定の幅の間を行ったり来たりして、その幅をしだいに狭めていきます。保ち合いが長ければ長いほど、上あるいは下へ放れたときのパワーが強まります。

上か下か、どちらかに動き出す

株価がもみ合っているときに注目したいのが上値抵抗線と下値支持線です。

二つの線がその後、そろそろ交差しようとするあたりが、もみ合いから放れるポイントとなります。**上放《うわっぱな》れ**するか**下放《したっぱな》れ**するか確認したうえで、株を売買しましょう。

保ち合いには「三角型」「ペナント型」「ウエッジ型」などの種類があり、それぞれに「上昇」「下降」があります。

詳しくは左図をご覧ください。

用語解説 ボックス相場

一定の値幅のなかで株価が上下している状態。株価が上昇すると上値抵抗線に跳ね返され株価は下落。下落した株価が下値支持線にくると反発して株価は上昇。この状況がしばらく続く。上値を突き抜けると上昇トレンドへ、下値を突き抜けると下降トレンドへ移行する。

保ち合いの種類とパターン

上昇三角型

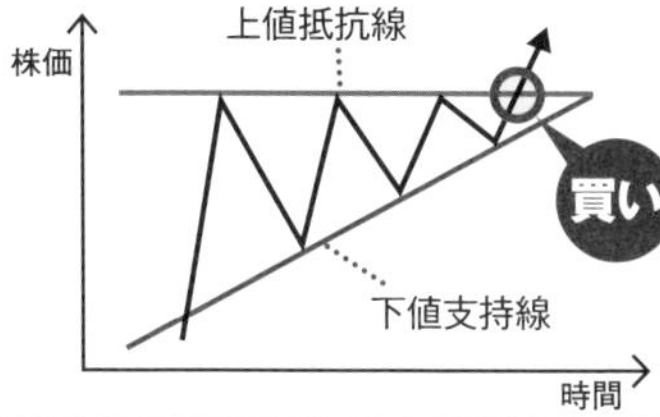

上値抵抗線が水平に近く、下値支持線が上昇しているかたち。上昇しようとする力が強い

上昇ペナント型

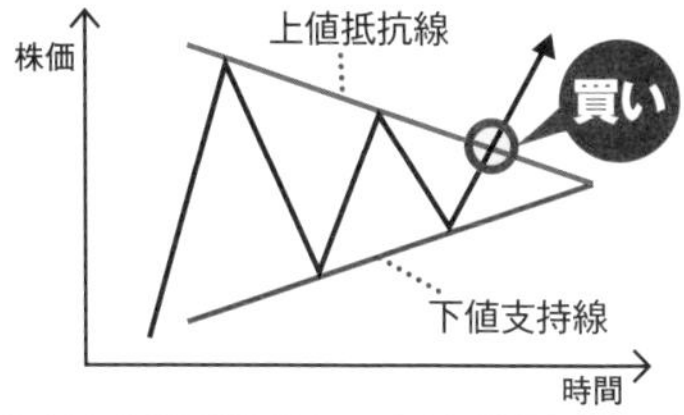

上値抵抗線が下降、下値支持線が上昇しているかたち。ただし、上昇の余地は限定的

下降ウエッジ型

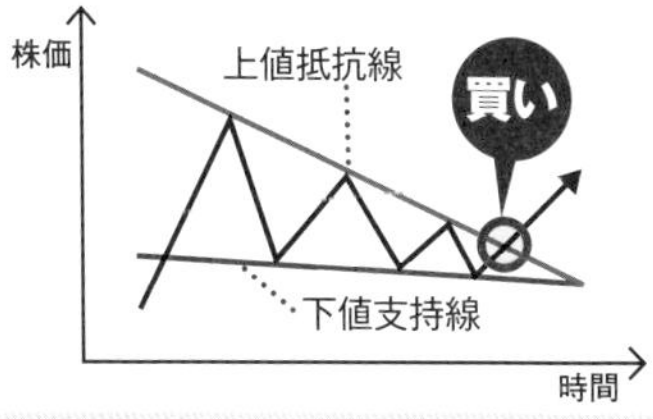

上値抵抗線と下値支持線が緩やかに下降しているかたち。売りの圧力が尽きて上昇へ

下降三角型

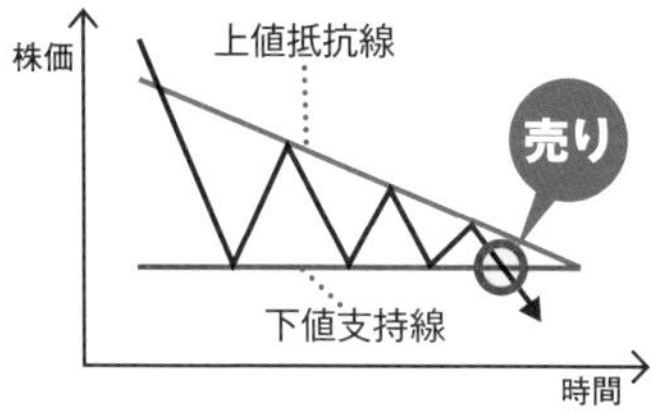

下値支持線が水平に近く、上値抵抗線が下降しているかたち。下落の勢いが強い

下降ペナント型

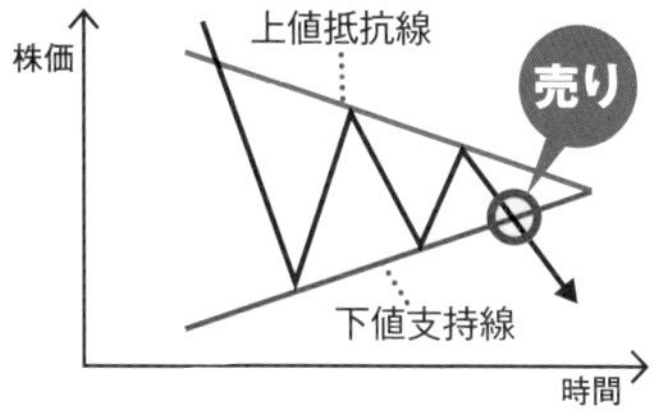

上値抵抗線が下降、下値支持線が上昇しているかたち。下降トレンドに移りやすい

上昇ウエッジ型

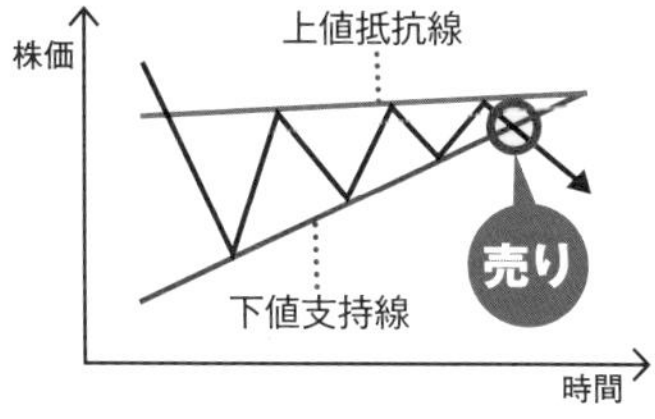

上値抵抗線と下値支持線が緩やかに上昇しているかたち。買いの勢いが衰え下落へ

※「ウエッジ型」の名の由来は、ゴルフクラブの形状から

◀ NEXT 「移動平均線」でトレンドを見る

07

株価の大きな流れがわかる

「移動平均線」でトレンドを見る

▼一定期間の株価を平均化する

チャートを見ると、一本一本のローソク足であらわされる株価の動きに加え、なだらかな曲線が描かれています。これが「**移動平均線**」で、ある一定期間の株価を平均化して線グラフにしたものです。たとえば「25日線」なら過去25日間の終値の平均をもとめます。それを毎日繰り返し、線グラフにするのです。

ローソク足が、ある一定期間の株価の動きを読み取るのに対し、移動平均線は、大まかな株価の動きをつかみます。

移動平均線には、5日線や25日線などの「短期線」、13週線、26週線などの「中期線」、52週線などの「長期線」があります。

文字どおり、短期線は短期投資に、長期線は長期投資にというように使い分けます。なかには60分線といった「超短期線」もあり、デイトレードに使われます。

▼株価の潮流が見えてくる

移動平均線は、上昇トレンドにあるときは右上に向かい、下降トレンドにあるときは、右下に向かうため、株価のトレンドを知るのにとても役立ちます。

また、上昇トレンドのときは、株価は移動平均線の上にありがちで、移動平均線と株価の位置関係によって「上げすぎ」「下げすぎ」などもわかるようになっています。

コラム　移動平均線は、何日線を使う？

長期投資なら長期線、短期投資なら短期線を使う。長いスパンでは200日線や52週線。短くなれば25日線、10日線、5日線などが一般的。短期投資なら、さらに短い1日線（日足）、6時間線、15分線、5分線など。

移動平均線とトレンド

●株価と中期線

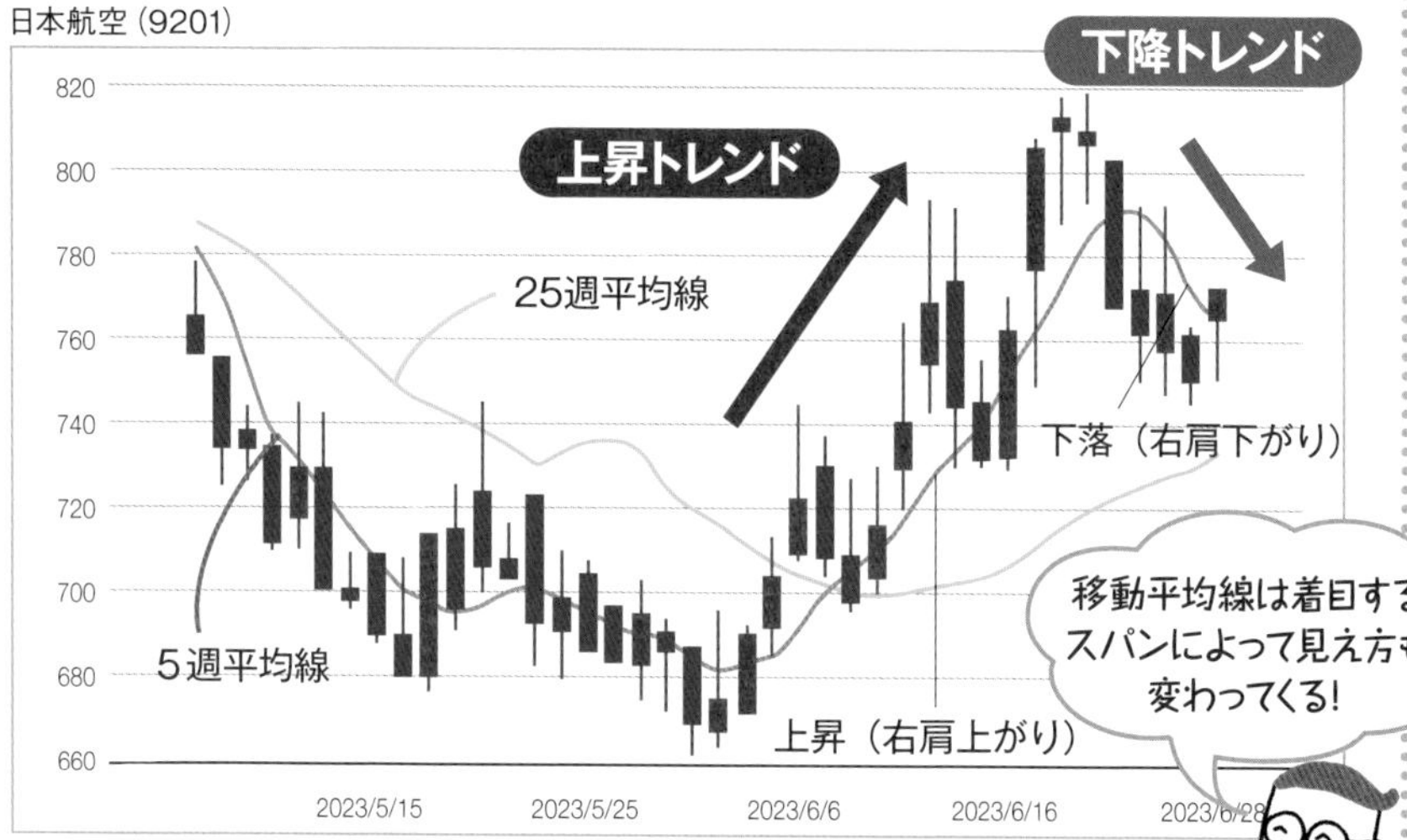

株価のトレンドが見えてくる

●上昇トレンド時は押し目を狙う

押し目 ＝上昇トレンド時に株価が一時的に下がったところ

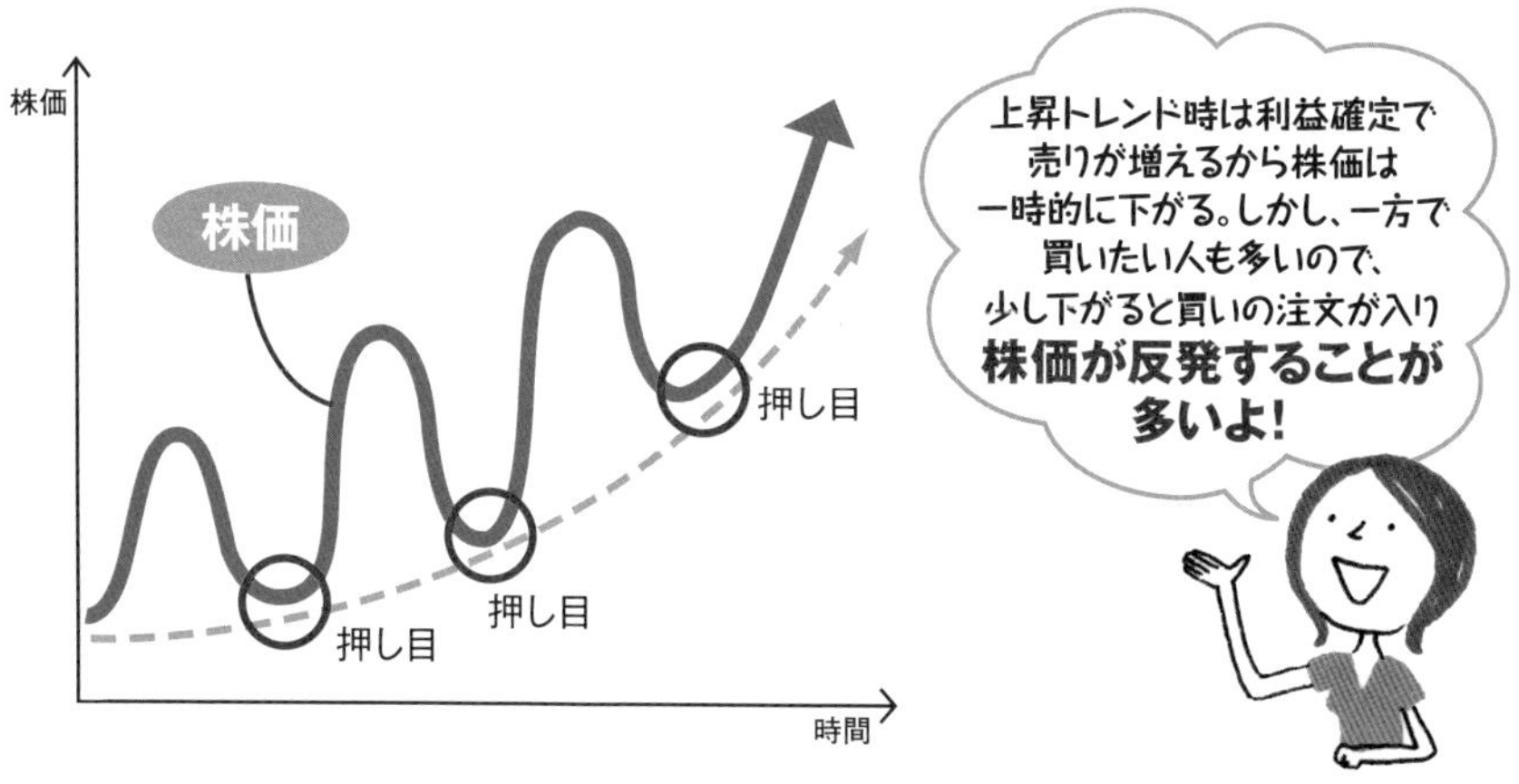

◀ NEXT 「ゴールデンクロス」と「デッドクロス」

「ゴールデンクロス」と「デッドクロス」

買い場と売り場が一目瞭然

▼2本の移動平均線の交差に注目

短期線と長期線の位置関係で株価のトレンド転換が予測できます。それが、**ゴールデンクロス**と**デッドクロス**と呼ばれるものです。

短期線が長期線を下から上に突き抜けたとき、これから長期にわたって株価の上昇が続くことが予想されます。これがゴールデンクロスです。とくに長期線、短期線ともに上向きであればその確率はより高まり、絶好の「買い場」といえます。

反対に、短期線が長期線を上から下へ突き抜けたときをデッドクロスといいます。ゴールデンクロスとは逆に、これから長期にわたって株価の下落が続くことが予想され、さらに長期線、短期線ともに下向きの場合は下落の確率が高く、売り抜けるチャンスです。

▼早めに判断する

移動平均線は、トレンド転換から遅れて向きを変えます。そのためゴールデンクロスがあらわれる前に株を買ったほうが、より大きな利益を得られます。デッドクロスの場合は売りとなりますが、とにかくクロスする直前を狙うのがベストです。

また、トレンド転換から遅れて出るサインのため、「**ダマシ**（サインがはずれること）」も出やすくなります。もし、予測とはずれたら早めに損切り（54ページ参照）をし、損失拡大を防ぎましょう。

コラム　ダマシって何？

テクニカル分析で売買サインが出たにもかかわらず、その反対の値動きをすること。たとえばブレイクアップして「買い」のシグナルが出たかと思ったら株価が下落してしまうなど。ファンダメンタルズ面の変化で、トレンドが変わるケースもある。

移動平均線で見るサイン

●ゴールデンクロスとデッドクロス

ソフトバンク（9434）

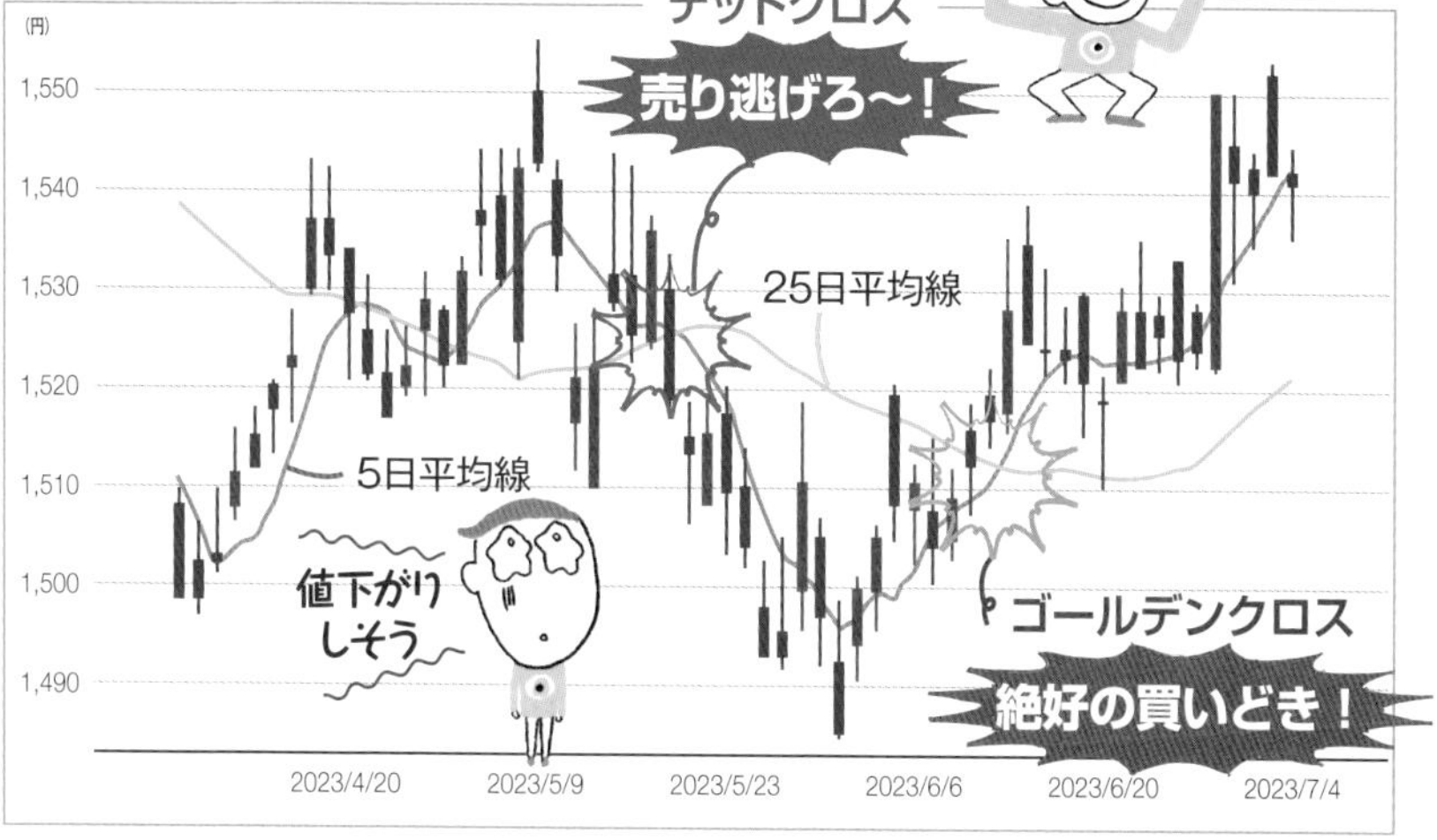

移動平均線がそれぞれクロスするところに注目！

●株価と移動平均線の上昇サイン

武田薬品工業（4502）

移動平均線とローソク足の位置にも注目！

◀NEXT 過熱感で相場の転換点を探る

過熱感で相場の転換点を探る

今の株価は「買われすぎ？」「売られすぎ？」

▼オシレーター系指標の読み方

これまで紹介してきたローソク足や移動平均線は、株価の動きからトレンドや売買ポイントを探る手法です。この手法をとくに「トレンド系指標」といいます。

これに対し**「買われすぎ」「売られすぎ」といった相場の過熱感から株価の動きを探る「オシレーター系指標」**があります。

オシレーター系指標を使うオシレーター分析は、株価が一定の範囲内を上げ下げするという前提のもと、買われすぎ、売られすぎの度合いをはかって株価水準を判断します。統計学的な視点から、一方に偏った株価は振り子のように逆方向に動くという考えが由来です。

▼トレンド系と組み合わせて判断

オシレーター分析では、その時点の株価が、過去の株価水準と比べて買われすぎか、売られすぎかを数値であらわします。

多くは折れ線グラフで表示され、売られすぎのシグナルが出たら、株価は上昇に転じ、一方、買われすぎのシグナルが出たら、株価は下落に転じると判断します。

注意が必要なのは、オシレーター分析はボックス相場内において有効という点です。業績が絶好調で上昇トレンドが続くときは、「買われすぎ」シグナルが出続けてもなお株価は上昇を続けます。トレンド系と組み合わせて判断するといいでしょう。

コラム どの分析方法を使ったらいい？

テクニカル分析には多くの種類があるが、どれを使えば完璧、というような絶対的な法則はない。ただ、「長期投資ではトレンド系分析や長いスパンのチャートが使われやすい」など、投資スタイルによって向き不向きがある。

買い・売りのポイントを見極める

●オシレーター系指標のうち、代表的な指標３つを紹介

サイコロジカルライン

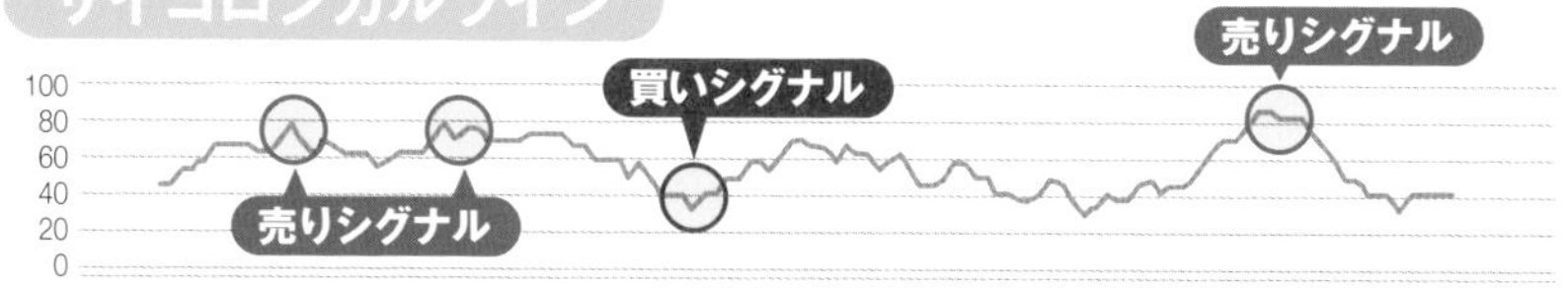

一定期間内に、終値が上昇した日数が何日あるかを求めて算出。0～100%で表示され、75%以上は買われすぎ、25%以下は売られすぎ

RSI

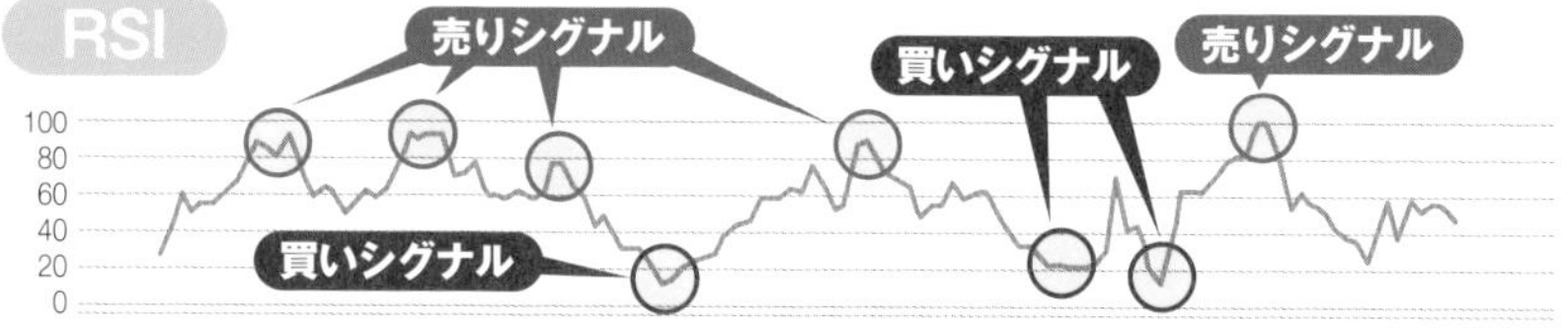

相対力指数（Relative Strength Index）。数値は0～100で示され、70～80%以上で買われすぎ、20～30%以下で売られすぎ

ストキャスティクス

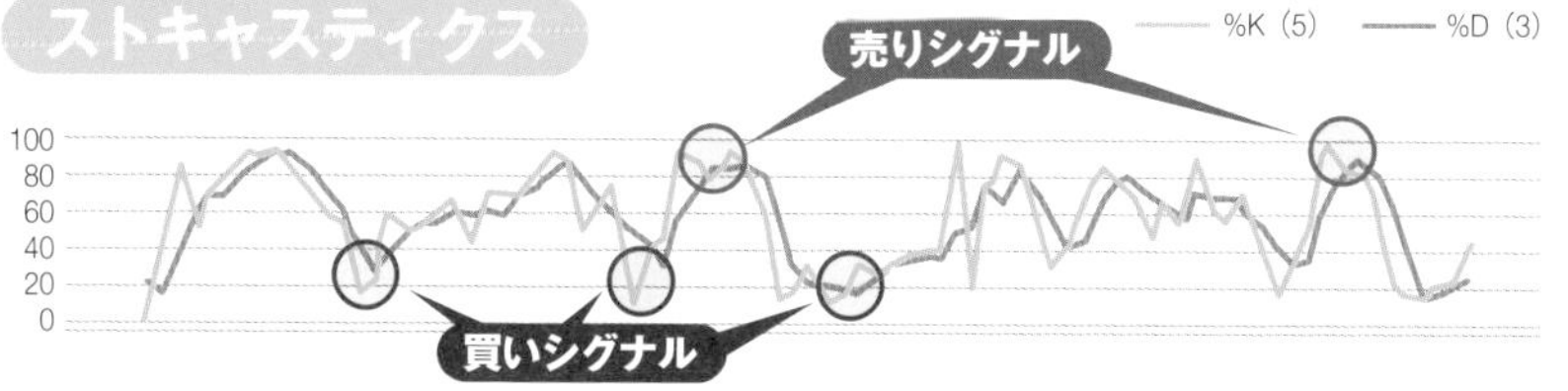

%Kと%Dの2本のライン使用のパターンと%DとSlow%Dの2本使用のパターンがある。いずれも80～100%にあるときは買われすぎ、0～20のときは売られすぎ

PART 4 売買のタイミング

[まとめ]

□ **ファンダメンタルズ分析**とは、会社の内的要因、会社を取り巻く経済環境から株価の動きを予測する行為

□ **テクニカル分析**とは、株価の過去の動き、株価水準などから今後の株価の動きを予測する行為

□ **ローソク足**とは、株価の動きをひと目でわかるように示したグラフのこと

□ **チャートの形状**は、市場心理を示している

□ チャートにあらわれる**株価の上昇・下落のシグナル**を覚えておけば株価予測に役立つ

さらにトクする!
+α《プラスアルファ》の
テクニック

株テク

買う前に「シナリオ」を作るのがコツ!

あらゆる事態を想定しよう

自分に最適な方法は……

投資スタイルには「これが一番いい」という答えはありません。投資家それぞれのライフスタイルや性格に大きく左右されるので、いろいろ試してみて、もっとも適した方法を身につけましょう。

また、一つの投資法にこだわらずに、長く持つと決めている株、利益が出た時点で売ってしまう株、などと分けてもいいでしょう。

投資スタイルを確立し、買おうとする銘柄を決めたら、買ったあとのシナリオも作ります。**株価がどこまで上がったら利益確定するか、逆に、どこまで下がったら損切りするかなど、あらかじめ対処法を考えておく**のです。

このようにシナリオを作っておけば、売買のタイミングを逃すこともありません。さらに、そのシナリオを実行する強い意志も必要です。想定していた利益確定水準まで株価が上昇したときに「まだ上がるのでは?」と欲を出したら失敗のもとです。

売りのポイントを決めておく

損切り、利益確定水準は、長期か短期かによって事情が異なってきます。**損切りは10%下がったら、利益確定は30%上昇したら、というように利益幅を大きく取るようにしたい**ものです。

また、チャートを見て損切りポイントを決めるのもいいでしょう。

用語解説 プロスペクト理論

行動心理学の一つで、「人は合理的な行動をとるとは限らない」という理論。投資行動においては、利益が出ていると、人は損を恐れて利益確定を急ぎ、逆に損失が出ていると、人は取り戻そうとさらにリスクを取りたがる傾向がある。

計画的なシナリオを作ろう!

BADなケース

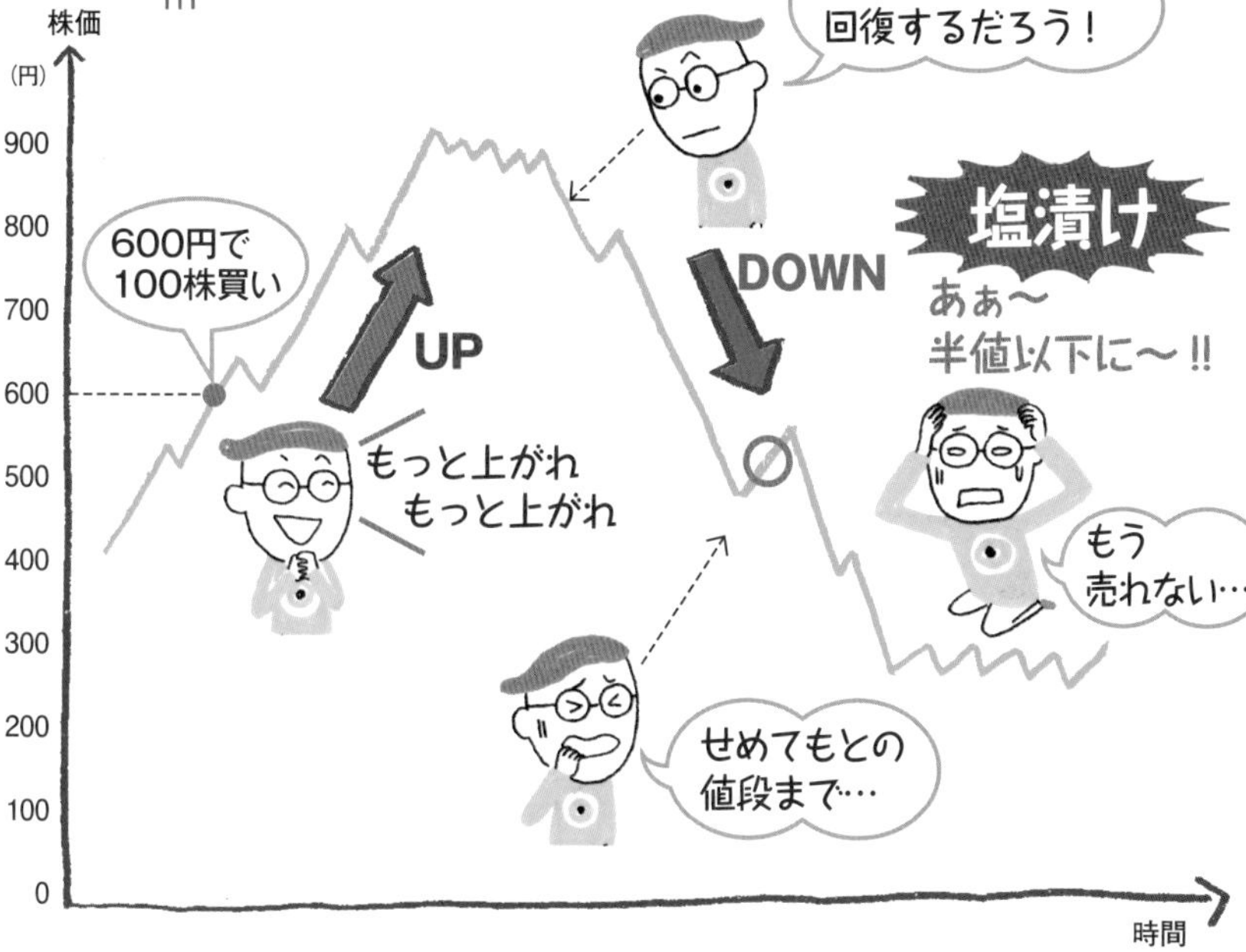

だからシナリオを作っておく！

●利益を30%と していれば…

780円のときに100株売り

●損切りを10%と していれば…

540円のときに100株売り

※取引手数料などは除く

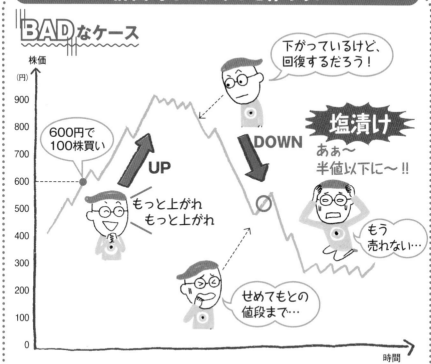

分散投資のすすめ

リスクをできるだけ減らすには

▼お金をいろいろな資産に分けて持つ

株を買う前に、資金をいくらまでつぎ込んでいいかについても考えなければなりません。絶対に守るべきなのは、生活に必要なお金にまで手をつけないこと。株取引はあくまで余裕資金で行いましょう。

「**資産三分割**」という考え方もあります。**全財産を「現金や預金」「不動産」「株などの有価証券」として三分の一ずつに分ける**、つまりバランスよく資産運用するということです。

たとえば、資金すべてを株につぎ込むのはリスク大。うまくいけば儲けとなりますが、買った株が下落したら大きな痛手となります。

さらに手元にお金がなければ、急に現金が必要になったときに困ります。

▼いくつかの銘柄に分けて買う

実際に株を買うときも同じ発想を持ってください。**手持ちの資金をすべて失わないためにも複数の銘柄を買い、リスクを分散しておくのです**。できればその複数の銘柄も、同業種に偏るより、多業種に分けたほうが無難です。

円高に強い内需関連株、円安に強い輸出関連株など、それぞれ逆の動きをしがちな銘柄を組み合わせるのもいいでしょう。

また、同業種のなかでも一つは業績が安定している国際優良株に、もう一つは成長期待が大きい新興市場株に分ければ、よりリスクを減らしながら高収益も狙えます。

コラム 初心者のポートフォリオ

複数の金融資産の一覧表をポートフォリオという。株式投資においては、ジャンルの異なる銘柄に投資して分散させるのがおすすめ。投資資金の少ない初心者は、複数銘柄を持つ余裕がないことも多いが、なるべく意識しておこう。

生活資金を使わない！

株で儲けるぞ〜〜！
カタカタカタ
フッフッフ
預金を全部株にしちゃった！
ヒャッホ〜
え〜〜っ！
数日後…
オレの株が〜
お金貸して〜
家賃が払えない…
しらないっ！

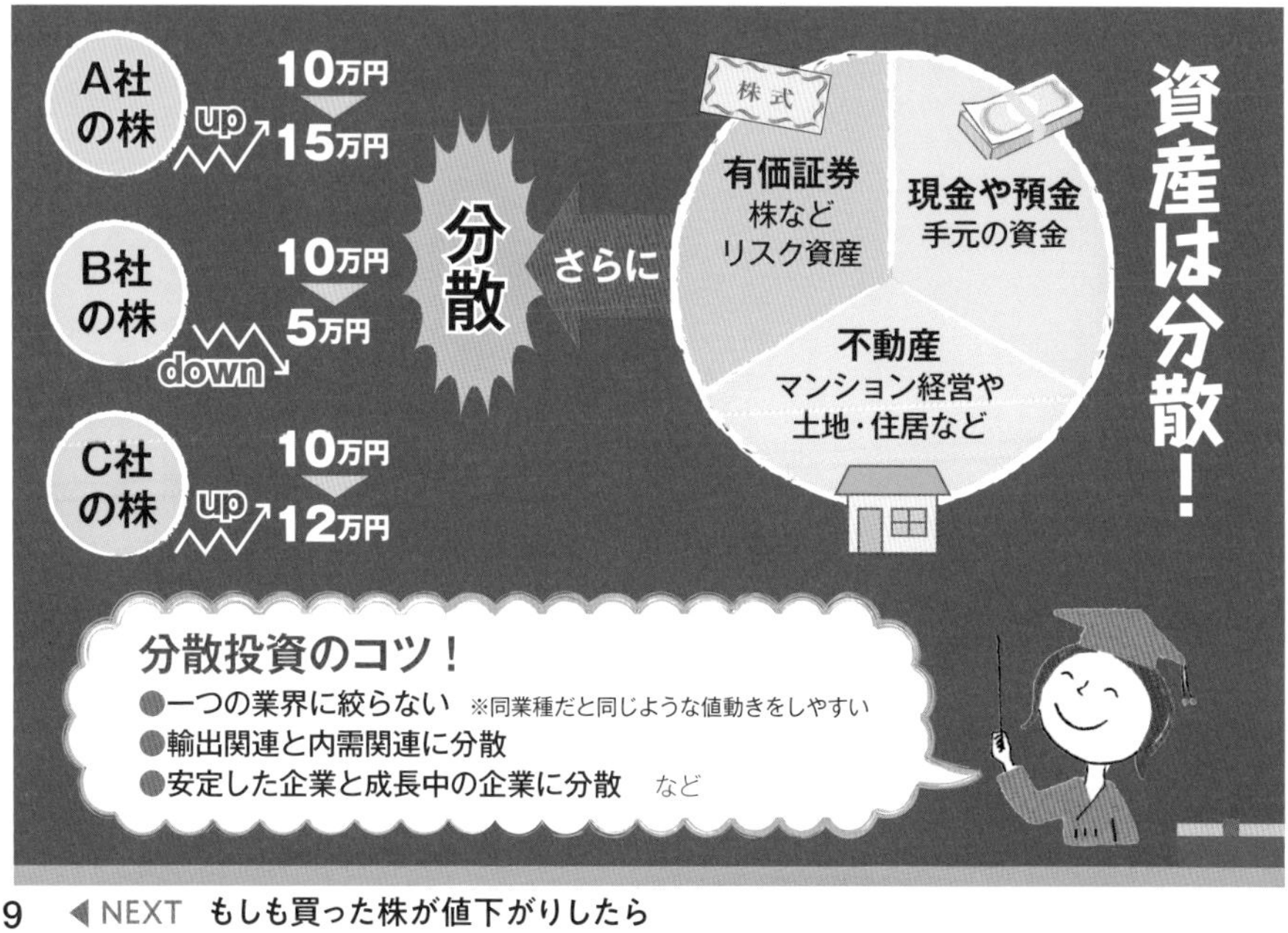
A社の株
10万円
up
15万円
B社の株
10万円
5万円
down
C社の株
10万円
up
12万円
分散
さらに
株式
有価証券
株など
リスク資産
現金や預金
手元の資金
不動産
マンション経営や
土地・住居など
資産は分散！
分散投資のコツ！
●一つの業界に絞らない ※同業種だと同じような値動きをしやすい
●輸出関連と内需関連に分散
●安定した企業と成長中の企業に分散 など

「損切り」か「ナンピン買い」か

もしも買った株が値下がりしたら

▼買いのコストを下げる

株価が、買った値段より下がったらどうするか？ その場合は、損失を拡大させないよう、早めに**損切り**することが重要です。「いつか回復する」と期待していても、その後ズルズルと値が下がり、往々にして損失を拡大させます。

損切りのほかに「**ナンピン買い**」という対処法もあります。これは、**買った株が予想に反して値下がりしたとき、その株を買い増し、〝平均購入単価を引き下げる〟方法です。**

たとえば1000円の株を100株買ったあとに、株価が800円まで下がったとしましょう。そのとき、さらに100株買い増したとすれば平均購入単価は900円。トータル900円で200株を購入したのと同じになるわけです。ですからその後、900円まで株価が回復すれば、損益はゼロになります。

▼ナンピンは上がる確信があってこそ

ただしナンピン買いは、いつでも有効な方法とは限りません。買い増ししたあとも株価が下落すれば、傷口はさらに広がります。

ナンピン買いをするのは、**最初のシナリオで「長期投資で値段が下がったら買い増しする」と決めた場合です。**

チャート上で、たとえ下がってもこの値段からは反発する、といった予測も必要です。チャート分析で「下値支持線を下回り、さらに下がりそう」なときは、ナンピン買いは避けます。

コラム ナンピン買いでの失敗例

川嶋さん（仮名）は、2022年2月、アイキューブドシステムズ（4495）株を3410円で200株購入。直前まで4500円超の高値からの調整だったので「そろそろ下値」と判断。ところがその後も下落が続き同年7月、2050円で200株購入。しかし1300円の水準まで下落し塩漬けに。

株の購入単価を下げるナンピン買い！

下がったところでさらに買う

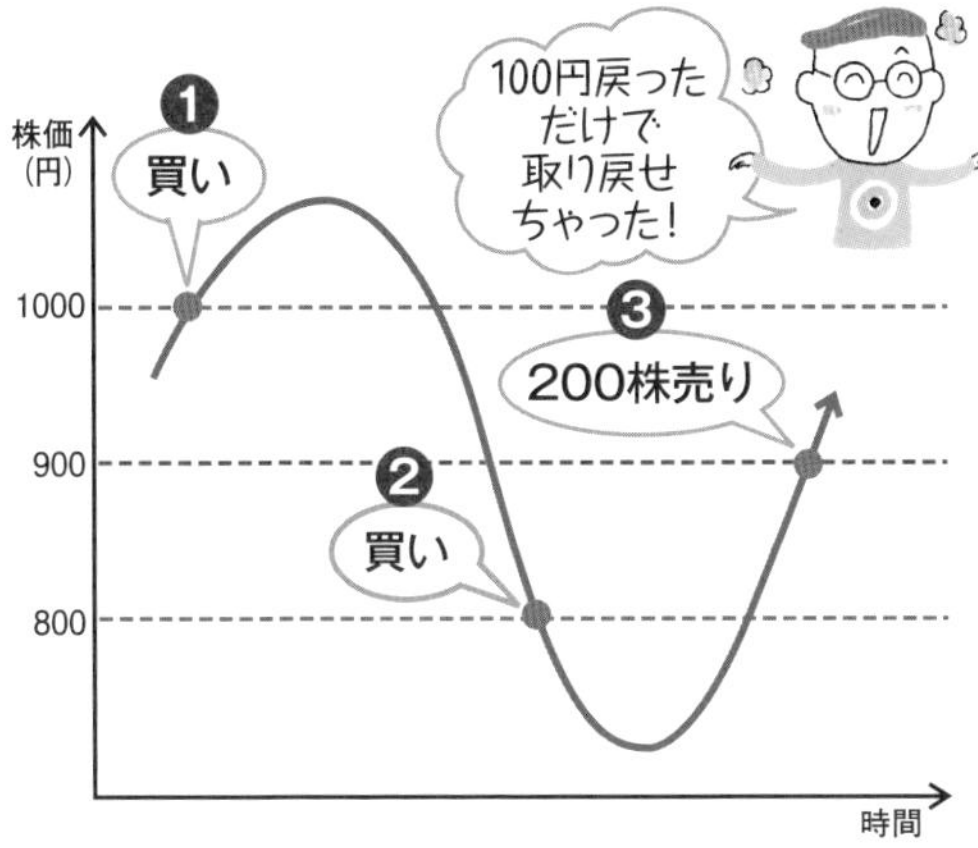

❶100株買う
1000円×100株＝10万円

❷800円になっちゃった！
2万円の損だが
このあと上がりそうだから
ここでもう100株買っておく！
800円×100株＝8万円
200株を18万円で
買ったことに！

❸900円まで戻ったので売る！
900円×200株＝18万円

損を取り戻した！

ただし…

BAD!

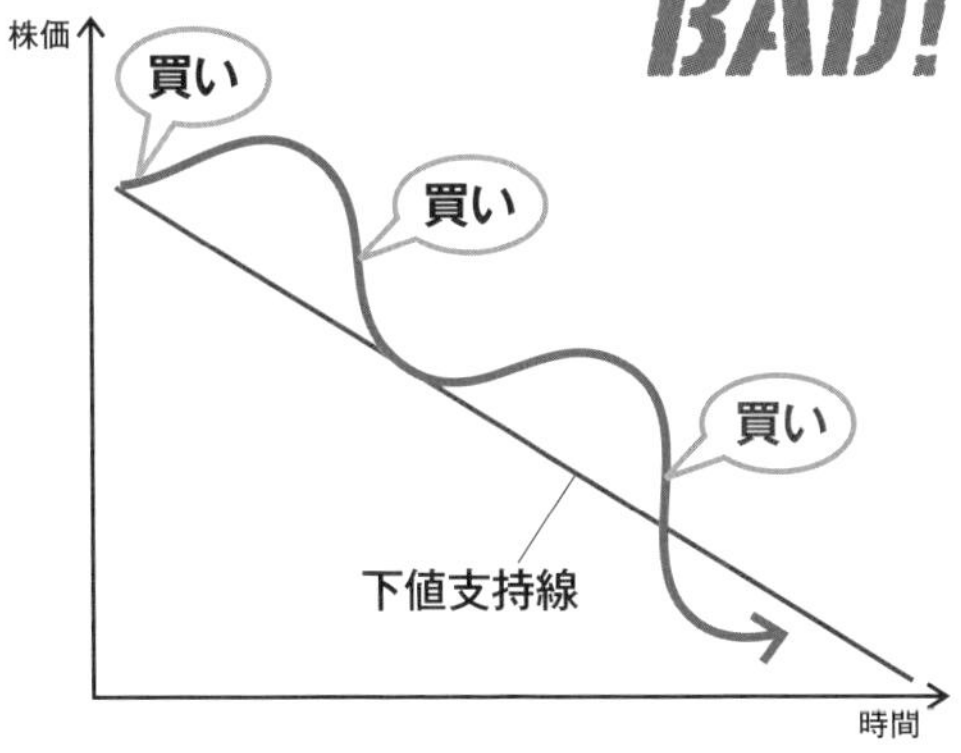

株価が
下がり続けると…

傷口をさらに
広げることに！

ナンピン買いは、株価の動きを
予想することが肝心！ 取引に慣れないうちは
損切りにしたほうが無難です！

◀ NEXT ドル・コスト平均法で時間を分散

買うタイミングも分散する

ドル・コスト平均法で時間を分散

▼るいとうを使って分散投資

一つの銘柄を1回ではなく、数回に分けて買う方法もあります。それが時間の分散です。

株価は上げ下げを繰り返しながら動きます。そこでリスクを軽減するため、複数回に分けて株を買います。これを「**ドル・コスト平均法**」といい、一定額を積み立てるよう買いつけていきます。資金が少なければＰＡＲＴ２で紹介した「**るいとう**」を使います。株価が下がれば、買える株数も多くなるので有効です。

たとえば、１０００円→８００円→１２５０円→５００円と4か月間の値動きをした銘柄を毎月1万円ずつ買ったとします。各月に買える株は10株、12・5株、8株、20株で、１株当たり７９２・１円で買ったことになります。この方法を使うと、株価が１２５０円のときに、手持ち資金の多くを使ってしまうといった心配もありません。

▼横ばいトレンドで威力発揮

ドル・コスト平均法で株を買う場合、上昇トレンドでは、株価が上がるにつれ平均単価も高くなり利益は小さくなります。また、下降トレンドでは、平均単価は下がりますが、株価が下がっているため損失が広がります。

この投資法がもっとも効果を発揮するのは横ばいトレンド時です。株を、上昇時には少なく下落時に多く買うことで、平均単価を下げつつトレンドの転換を待つことができます。

コラム　米国株でないのに、ドル・コスト平均法？

ドル・コスト平均法はアメリカでDollar cost Averagingという。それをそのまま直訳したのが由来。日本では定額購入法といういい方もあるが、ドル・コスト平均法との呼称が定着した。ちなみにイギリスでは「ポンド・コスト平均法」といわれている。

株を毎月積み立てる

ドル・コスト平均法 → 一定の金額で株を買い続け、平均単価を下げる

たとえば……

株を「るいとう」で４か月買った場合

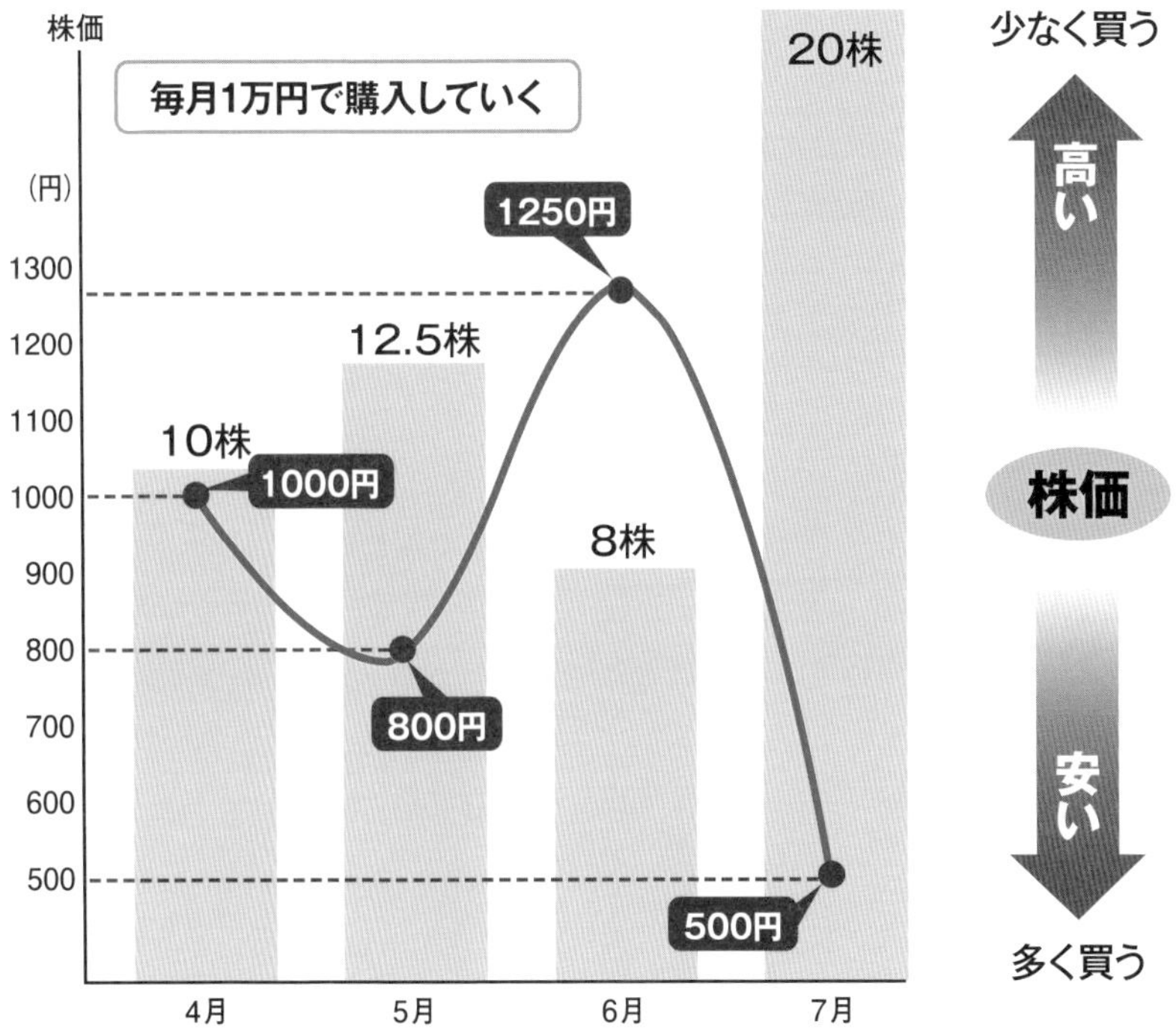

るいとう（ドル・コスト平均法）

	4月	5月	6月	7月
購入株数	10株	12.5株	8株	20株
購入金額	1万円	1万円	1万円	1万円

株数 50.5株
平均単価 792.1円

※取引手数料などは除く

売買タイミングがうまくつかめない初心者や中長期の投資に向いている

「順張り」か「逆張り」か

上げ相場と下げ相場での買い分け方

▼上昇途中で買うときは「短期」で

株価が、上昇しているときと低迷しているときでは、投資の方法も変わってきます。

上昇相場のときに、その流れに乗って株を買う投資法を「順《じゅん》張《ば》り」といいます。とくに上昇している途中で一時的に株価が下がるときがありますが、これは「**押し目**」といって買いのチャンスです。

逆に株価が低迷し、これ以上下がらなさそうで、そこから上昇に転じるときに株を買うことを「逆《ぎゃく》張《ば》り」といいます。

順張りは、上昇途中で株を買うので、すぐにでも利益が出ます。ただし、株価がいつ下落に転じるかわからず「高値づかみ」になるリスクも高まります。そのため短期間で、早めに利益確定するのがよいでしょう。

▼長期で大きな利益を狙う

これに対し逆張りは、株価が下落しきったときに買うので、上昇まで時間がかかりますが、上がり始めたら大きなリターンが期待できます。

ただし、逆張りで注意したいのは、下落途中で買わないことです。チャートを見ながら下げ止まりや上昇の兆しがあらわれたところで買うようにしましょう。

利益をより多く手にするためにも、チャートをよく分析し、順張りか逆張りかのタイミングを見極めることが大切です。

コラム 順張りと逆張りのポイント

順張りはトレンドが続いている間に購入と決済を終わらせるため、短期決戦になりやすい。逆張りは利益が出るまで時間がかかる。株価が底値圏をはいつくばっている状況で仕込むため、トレンドが変わるまでじっと我慢しなければならない。

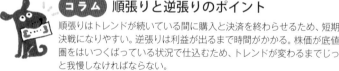

短期と長期で買い方も変わる

●順張りと逆張りの買いどき

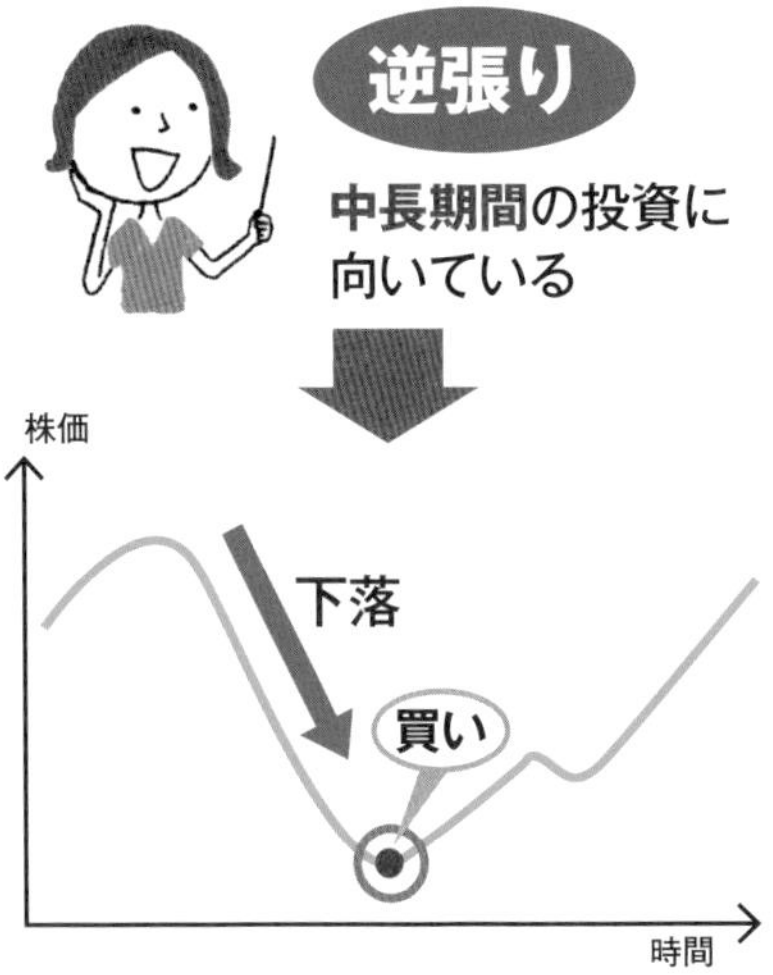

底値から上向いたときに買う

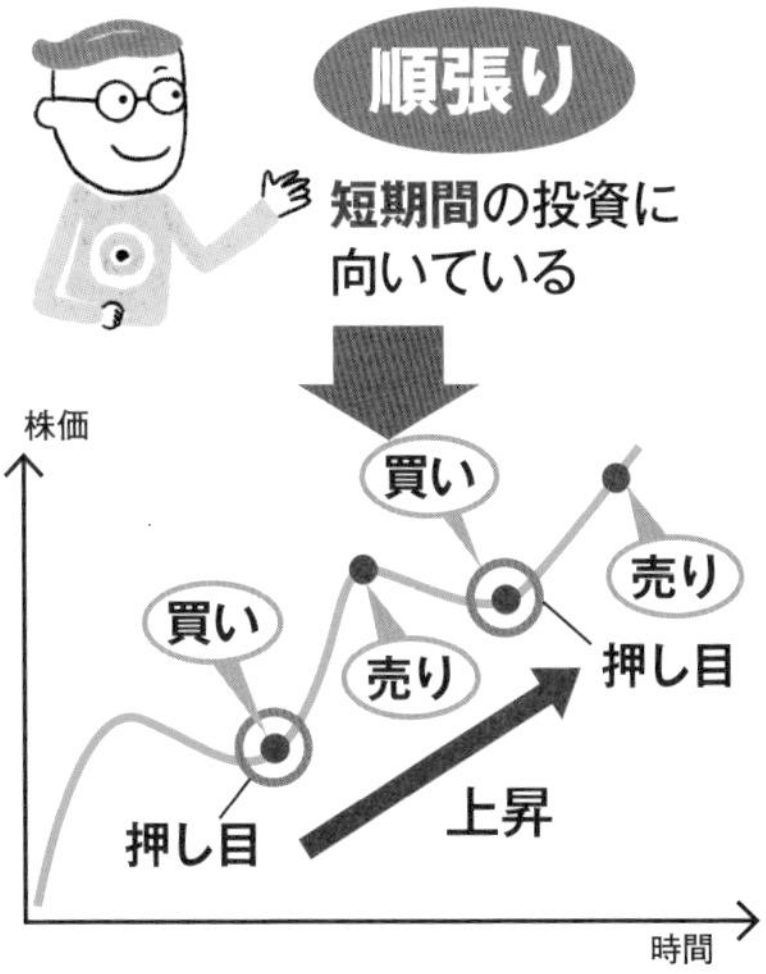

上昇トレンド時に買う

それぞれの買いどきをチャートで見ると…

東日本旅客鉄道（9020）

出来高と株価の関係

出来高増で株価はどうなる？

▼取引量が少なくなると株価は低迷

ある一定期間に取引された株数を「**出来高（売買高）**」といいますが、株価はこの出来高と連動しています。株は、買いたい人と売りたい人がいて取引が成立するので、その株の注目度が高く、普段より買いたい人が多ければ、出来高が徐々に増え、株価が上がっていくのです。そうして、注目度がピークに達したときに出来高も急増し、高値をつけます。その後、注目度が薄れるにつれ、出来高も減り、株価も下がりがちになります。

株価が上向き、かつ出来高が増え始めたところが買いのチャンスです。さらに株価が上がり、普段の5倍、10倍もの出来高なら売りどきといえます。

ただ、出来高が増えた原因が、株価を押し上げる「好材料」が出たためであれば、さらに上がる可能性もはらんでいます。

▼出来高はチャートで調べられる

逆に株価の下落が続いた底値圏で、出来高が急増するケースがあります。これは**セリングクライマックス**という、**株が売り尽くされる下落相場の最終局面**です。この場合は**その後、株価が反転に向かうことが多い**のです。

出来高は一般に手に入るチャートの下に、棒グラフで示されています。売買タイミングを見る際に、株価だけでなく、出来高の増減も合わせてチェックする習慣をつけましょう。

用語解説 流動性リスク

株を売りたくても売れなくなるリスク。売り買いが低調で出来高が少なくなると、買い注文が入らないため、取引が成立しなくなる。会社に不祥事が発生し、売りが殺到したときに起こりやすい。もともと流通株が少ない小型株にも多い。

株価だけでなく出来高もチェック！

日本電信電話（9432）

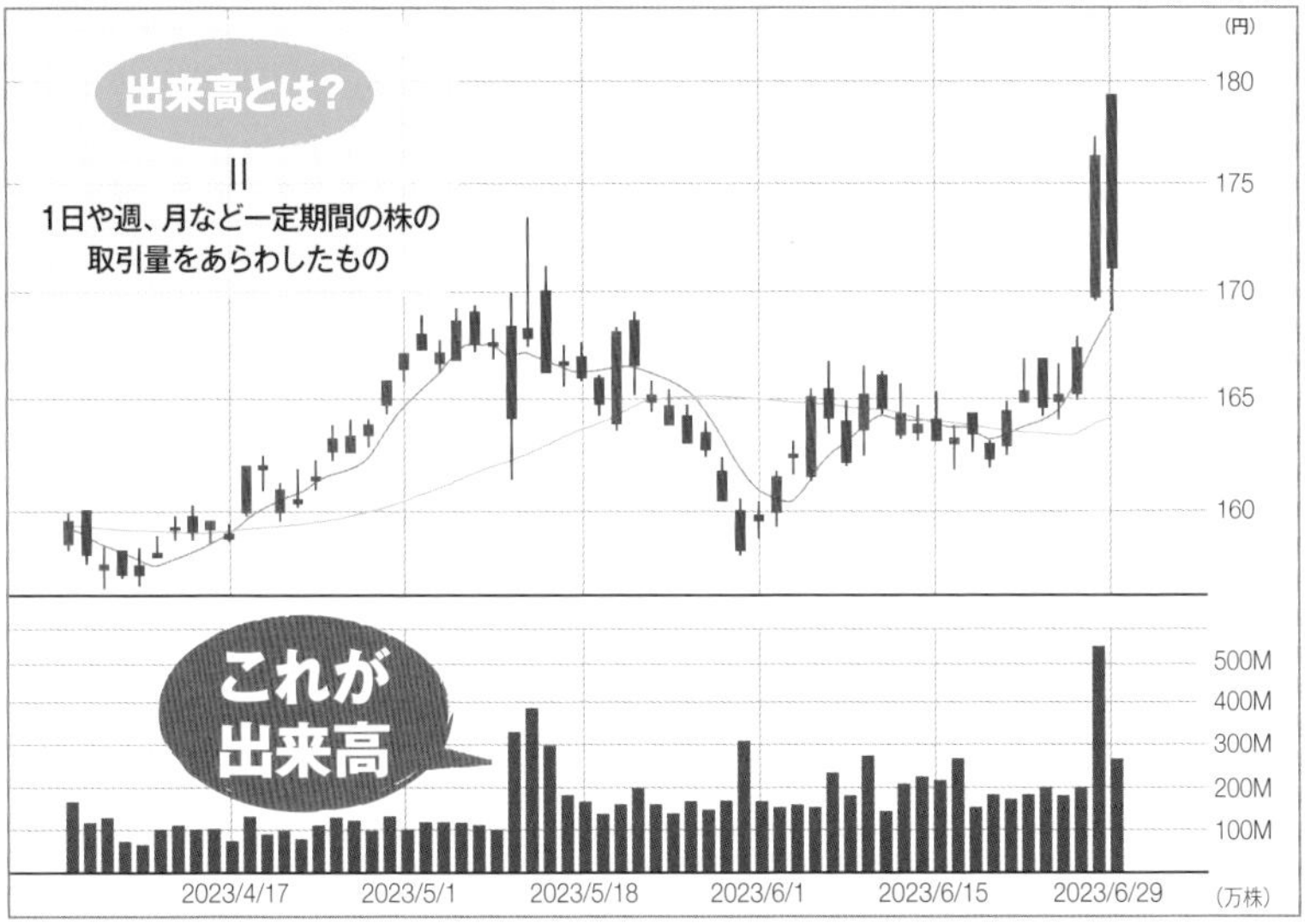

出来高 多い ＝注目度が高い　出来高 少ない ＝注目度が低い

しかし……

エイチ・アイ・エス（9603）

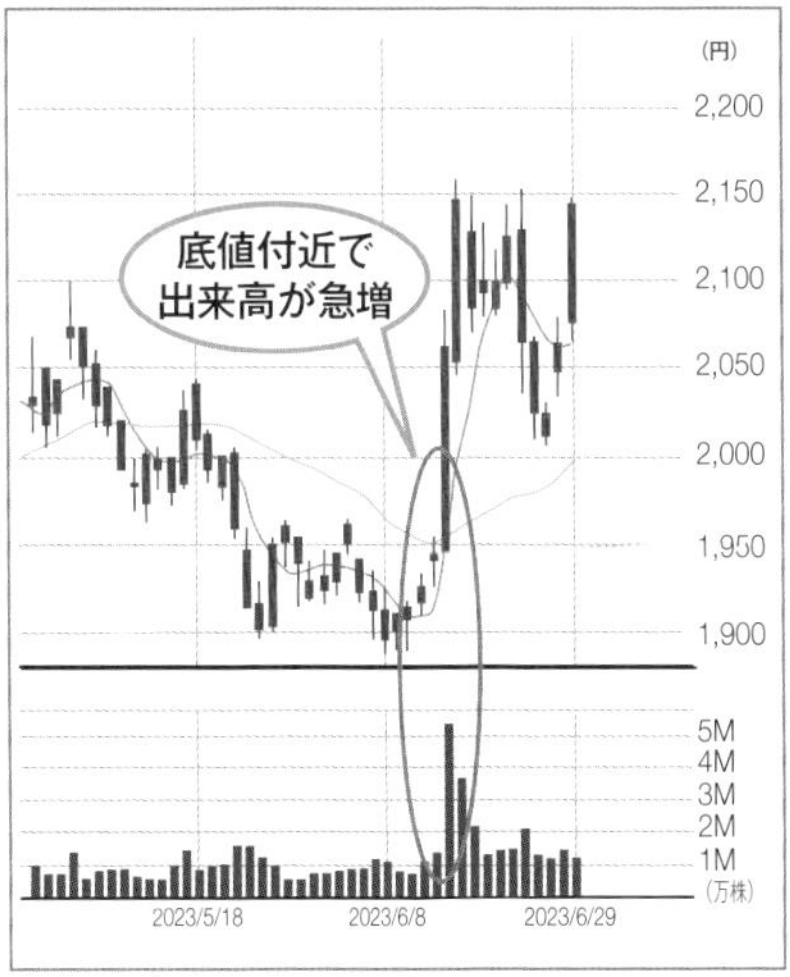

セリングクライマックス

出来高急増にともない株価が大幅に下がると、下落相場が大底から転換するサイン！

株が売り尽くされ、その後上昇へ！

◀ NEXT　出遅れ銘柄、ツレ安銘柄を探そう！

2番手銘柄を狙う!

出遅れ銘柄、ツレ安銘柄を探そう!

▼つられて高くなる銘柄を買う

株では鉄鋼や電力など、注目された業界全体の銘柄が買われ、さらに買いの矛先が次々と移っていくことがあります。その傾向は、とくに市場全体が活性化し、上昇相場となっているときに著しいのですが、これは「**循環物色**」といって、投資家が売買しようとする銘柄を物色している状況です。

また、市場の注目が集まっている業種のトップ企業に大きな買い材料が出ると、同業種のほかの銘柄にまで買いがおよびやすい状況にもなるのです。

そこで、トップ企業に注目が集まったら2番手、3番手の会社に狙いをつける方法もあります。**同業種のなかでも遅れて上昇する銘柄もあるので、1番手の銘柄を買い損ねたら「出遅れ銘柄」をターゲットにしましょう。**

▼手ばやく利益確定を行なう

逆のパターンもあります。ある銘柄に悪材料が出て値を大きく下げたとします。すると同業種の銘柄もつられて安くなることがあります。これを「**ツレ安**」といいますが、**ツレ安した会社に「悪材料」はないので、やがて元の株価水準まで値を戻すことになります。**

ただ、ツレ安した銘柄は、元の株価まで戻ったときにほかの投資家から利益確定の売りが多く出て、また下がってしまうこともあるので、利益確定は早めを心がけましょう。

コラム　2番手銘柄で利益を出した例

2021年の年末にかけて半導体関連のレーザーテック（6920）の株価急騰が株式市場をにぎわせた。その波及効果は広く半導体連銘柄におよび、2023年に入ってもアドバンテスト（6857）など同じ半導体関連銘柄の株価を押し上げることとなった。

注目の業界を探してみる!

値上がり率ランキングを見てみよう!

Yahoo! ファイナンス（全市場）

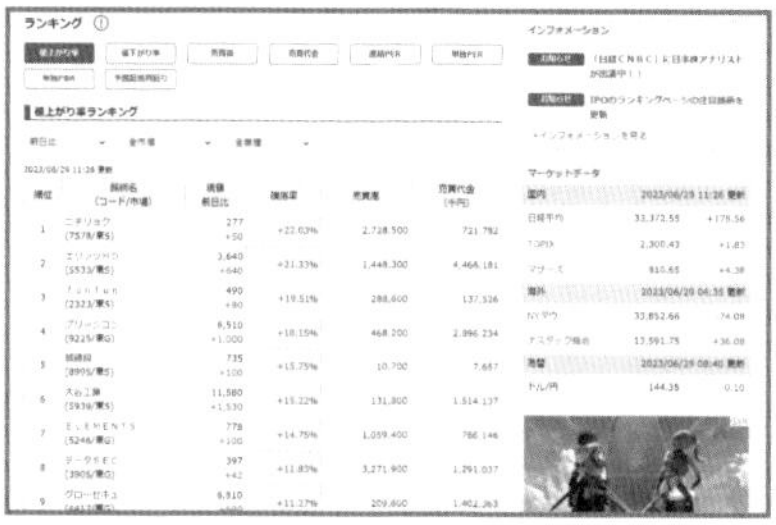

SBI証券（市場別）

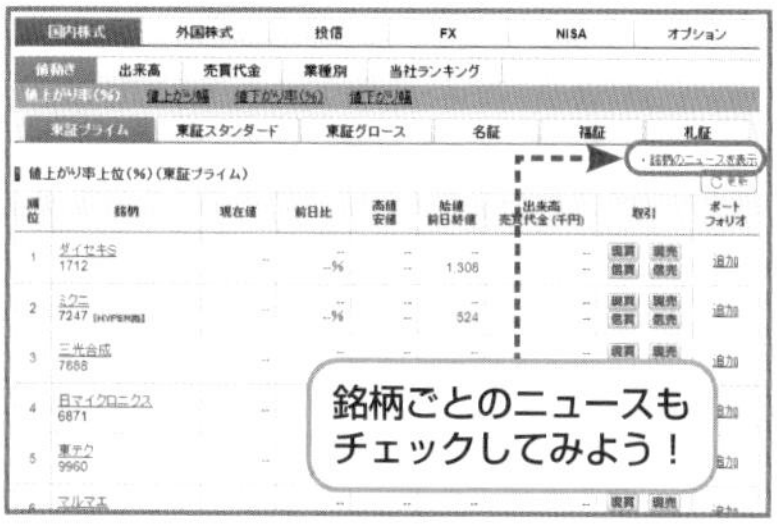

Step1 まずはその日の値上がり率が高い銘柄をチェック

Step2 ランキング上位の気になる企業のチャートを調べる
※今後も値が上がりそうか、それとも下がりそうかをチャートでチェック

Step3 なぜ値上がりしているのか？ ニュースなどもチェックする

業種別に見てみよう!

SBI証券（業種別）

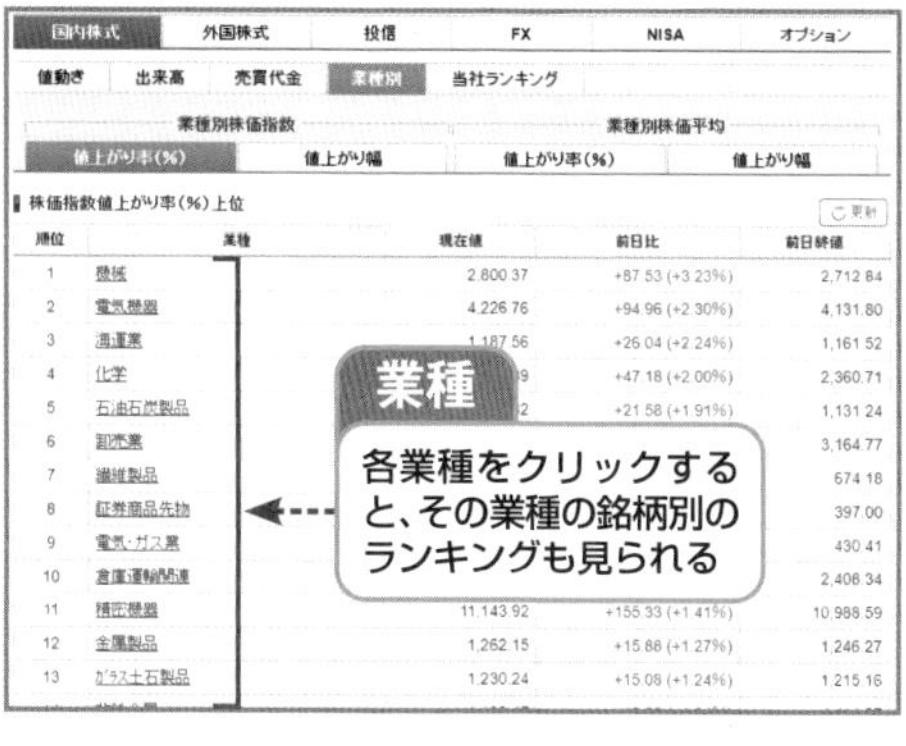

順位	業種	現在値	前日比	前日終値
1	機械	2,800.37	+87.53 (+3.23%)	2,712.84
2	電気機器	4,226.76	+94.96 (+2.30%)	4,131.80
3	海運業	1,187.56	+26.04 (+2.24%)	1,161.52
4	化学		+47.18 (+2.00%)	2,360.71
5	石油石炭製品		+21.58 (+1.91%)	1,131.24
6	卸売業			3,164.77
7	繊維製品			674.18
8	証券商品先物			397.00
9	電気・ガス業			430.41
10	倉庫運輸関連			2,408.34
11	精密機器	11,143.92	+155.33 (+1.41%)	10,988.59
12	金属製品	1,262.15	+15.88 (+1.27%)	1,246.27
13	ｶﾞﾗｽ土石製品	1,230.24	+15.08 (+1.24%)	1,215.16

業種別の値上がり率を口座開設した証券会社のHPで調べる

人気企業の業界全体の動きはどうなのかも確認してみよう！

◀ NEXT 大災害や金融危機が起こったら?

万が一に備えて知っておきたい

大災害や金融危機が起こったら？

▼災害に見舞われても株価は落ちない？

大震災や金融危機など、株価に悪影響を与えるハプニングはいつ起こるかわかりません。予測がつかないだけに遭遇したときにどう対処するかが問われます。

突然のハプニングに、慌てて株を手放してしまうことを「狼狽《ろうばい》売り」といいますが、あまり感心しません。**まずは、そのハプニングが「経済状況にどこまで悪影響を与えるか」を見極めることが大切です。**

「災害に売りなし」という相場格言があります。たとえば企業の工場で火災が発生したといった場合は、下落した株価が、ずっとそのままになることはめったにありません。

▼長期的な悪影響があるかどうか

パンデミックや大震災、戦争といった大規模な事件の影響はどうでしょうか。

ロシアのウクライナ侵攻では、事前に兆候があったこともあり、株価は下げ続けてはいましたがやがて戻していきます。これは2020年の新型コロナ騒動のときも同じでした。

急落時には資産額が減ってパニックに陥りがちですが、適切に損切りをし、余裕があれば、**急回復を見込んで投資するのも手です。**

ただし経済に悪影響が長くおよぶときは要注意。たとえばリーマン・ショックでは、日経平均株価が底を打つまで半年もかかり、その後も回復には長い時間を要しました。

コラム ブラックマンデー体験記

筆者が初めて株式を購入したのは1987年10月16日の金曜日。大手町の証券会社で2銘柄買い付けた。その翌週の月曜日19日はブラックマンデーその日。暴落した株を少しずつ買い増し、バブル経済崩壊前の89年までそこそこいい思いをした。底値で拾えた偶然が良かった。

災害や金融危機が起きたとき、どうする

●災害＆金融危機後の日経平均株価

リーマン・ショック

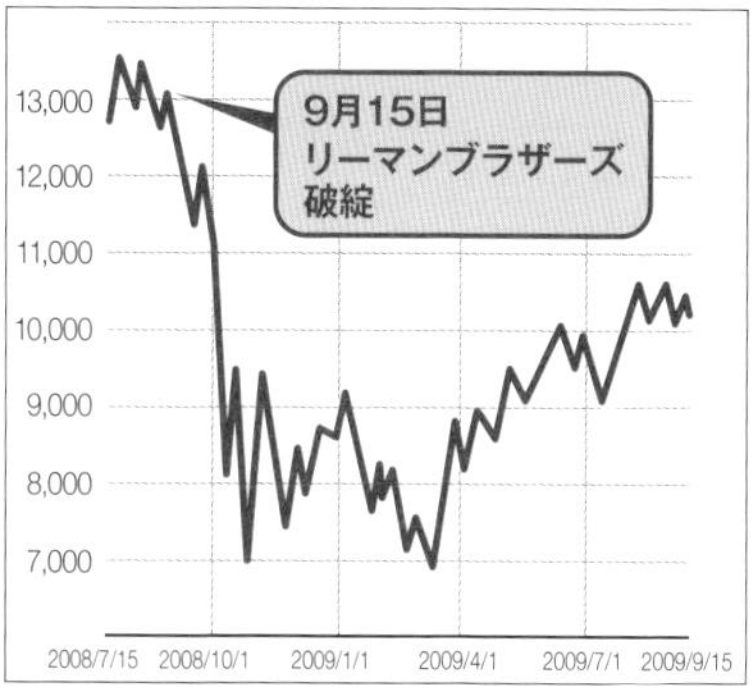

同時多発テロ

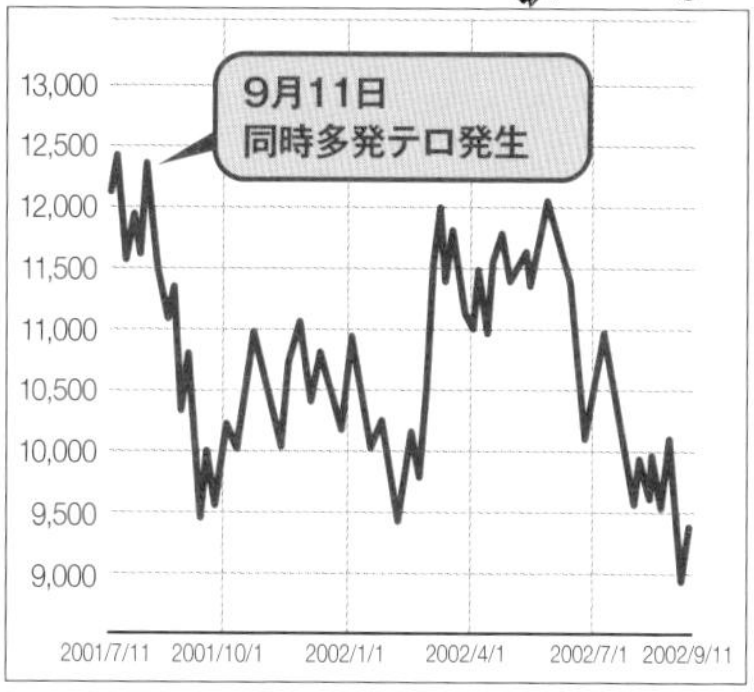

ウクライナ侵攻

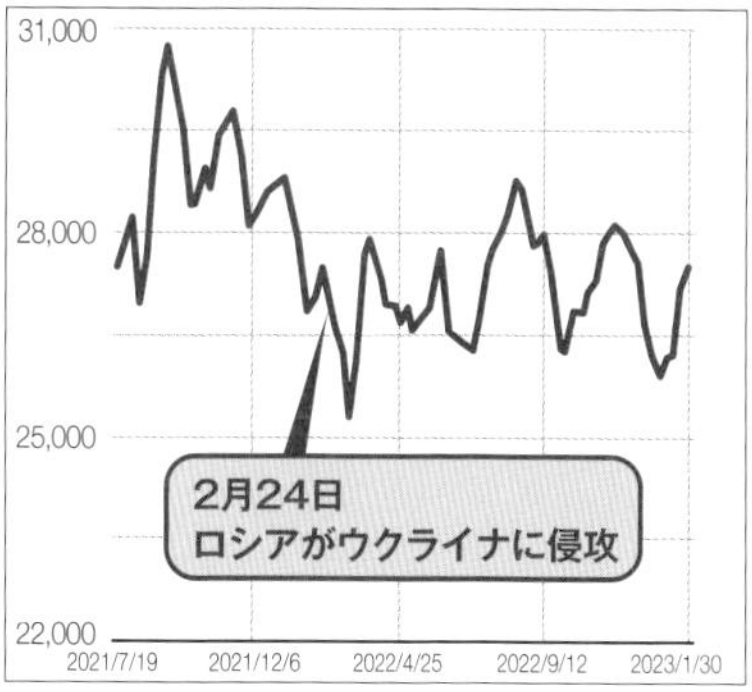

コロナショック

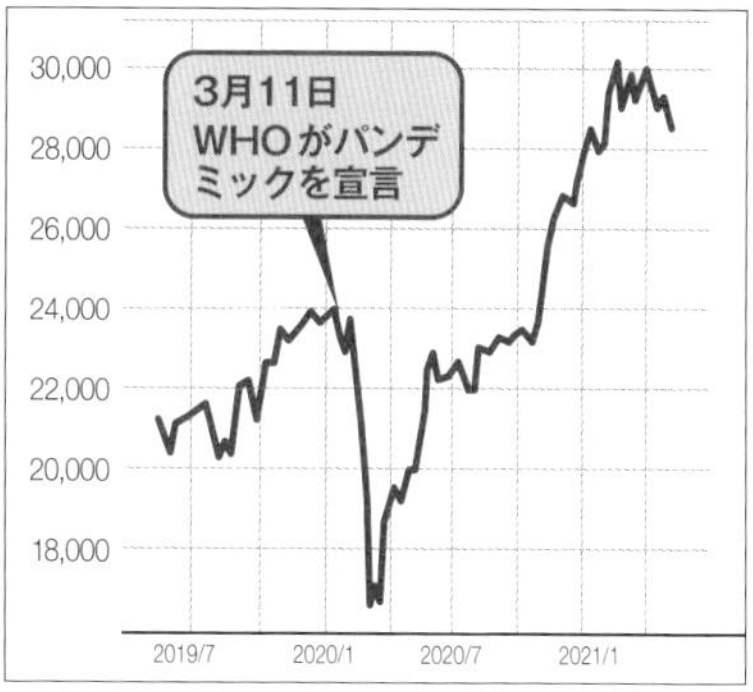

暴落時のポイント

・まずは慌てないこと！

・影響が局地的なのか、世界的なのか確認

・損切り水準を割っていたらすみやかに売る

・株価はいつか戻る。値動きが落ち着いたら割安株を探そう

◀ NEXT 要注意！ やってはいけない投資法

PART 5 得するテクニック
[まとめ]

- □ 株式投資では**分散投資**が大切。投資資金を複数の銘柄に分けるほかに、時間を分散するドル・コスト平均法などがある

- □ 株価が下がったときに買い増しすることを「**ナンピン買い**」という。ただし、リスクも大きい

- □ トレンドに乗って株を買う投資法を「**順張り**」といい、短期投資に向いている

- □ トレンド転換を予想して株を買う投資法を「**逆張り**」といい、長期投資に向いている

- □ **出来高の増加**は市場の注目を集めている証拠。一方、**出来高が少ない**と株価が下がりがちになる

- □ 大きく値動きした銘柄があった場合、関連する「**出遅れ銘柄**」や「**ツレ安銘柄**」に注目する手法もある

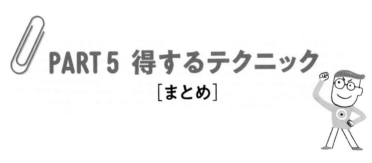

要注意!
やってはいけない
投資法

注意!

ダメダメな投資法

損をするには理由《ワケ》がある!

株で失敗するタイプ

数多くの投資家を調査してみると、最初から成功して利益を上げ続けている人はほとんどいません。

誰もが失敗を重ね、そのなかから学び、自分なりの投資スタイルを確立している人が、最終的には株取引で利益を出し、成功しているのです。

一方で、いつも損してばかりいる人、つまり株で失敗し続けている投資家には共通点があるようです。これは当人の性格とも大きく関係してきます。

その代表例を挙げると、だいたい次のようなものになります。

- 感情的になって冷静な判断力を失う
- 謙虚になれず、素直に学ぼうとしない
- 欲が深すぎる
- 他人に振り回される
- クヨクヨして過去にとらわれすぎる

感情のバランスを保つのが大事

株取引にはリスクがともないます。チャレンジする勇気のほか、つねに冷静さを保つ必要があります。感情のコントロールができないと、成功は遠ざかってしまいます。

主体性と謙虚さのバランス感覚も大切です。主体性が強すぎると独りよがりな判断に偏りすぎて、投資に求められる情報収集と情報分析においても、ミスを犯しやすくなります。

コラム　株式投資で成功するタイプ

どんな人も成功する投資法はないが、株取引が向いているタイプはある。筆者が多くの投資家を取材して、そこから見えてきた「成功するタイプ」の特徴は以下のとおり。①マメで勉強熱心。②謙虚。③どんな事態になっても、冷静さを保てる。

損を膨らます投資家とは

激情タイプ

熱くなりすぎてしまい、冷静な判断ができない

アドバイス
株の値動きばかりにとらわれずに、もっと会社そのものの成長に目を向けよう！

責任転嫁タイプ

「不景気だから…」などと環境のせいにする

アドバイス
損を出した原因を突き止めよう！何が悪かったのか、何が足りないかを洗い出し、次につなげる

強欲タイプ

より多くの利益を狙おうとする

アドバイス
株を買う前に利益確定と損切りのラインを決めるなどシナリオを事前に作っておこう！

鵜呑みタイプ

売買のタイミングも計らずに推奨銘柄を買う

アドバイス
株を買う前にファンダメンタルズ分析、チャート分析をする習慣をつけよう！

ボロ株には手を出すな!

安い株には安いなりの理由《ワケ》がある!

▼安い銘柄は変動率が大きい

値段の安い株を、とくに「低位株《ていいかぶ》」といいます。ただし、○円以下という厳密な基準はなく、一般的に５００円以下などで区分される株をいいます。これに対し数千円から１万円以上の株を「値がさ株」といいます。

低位株はその株が持つ価値に比べて割安になっているという意味ではなく、〝たんに安い価格〟という意味なので、注意したいところです。安い価格にさらされているのは、業績が思わしくないなど、それなりの理由があります。

それでもデイトレーダーなどの個人投資家には好まれる傾向にあります。少しの値動きでも、変動率が高いからです。

たとえば株価１０００円の銘柄が10円上昇しても上昇率は１％にすぎませんが、株価１００円の銘柄が10円上昇したら10％の上昇率になります。

▼「倒産」銘柄の株を買うのは大バクチ

株価１０００円の銘柄が２０００円に値上がりするのは難しく、株価１００円の銘柄が２００円に値上がりするほうがカンタンに思えますが、**株価が安いということは、業績が悪く、さらに下落する危険性もあるということ**です。なかでも１００円以下の株価の会社は「倒産候補」といっても過言ではありません。

しかし、なかには破綻した会社の株で大儲けを狙う投資家もいます。破綻企業の株式は、

こんな1円株も!!　日本航空株

泥沼の経営再建問題で、マネーゲームの対象となった日本航空株。2010年の1月には一時、一日の出来高が東証一部の3分の1程度の10億株を超えるまでに膨らみ、同年1月19日に会社更生法を申請、2月20日の上場廃止まで、熾烈なマネーゲームは続いた(その後再上場)。

監理ポストや整理ポストへ入れられ、やがて上場廃止になります。最後は株価1円になりますが、それでも大バクチに出る個人投資家も出てきます。

2022年8月5日、東証グロース上場で東大発バイオベンチャーのテラ（2191）が破産手続きに入りました。2020年4月には「コロナ治療薬に着手」などといった虚偽情報が流され、100円台だった株価が2000円台に高騰する場面もありましたが、その後2021年12月期に債務超過に転落。最終取引日の終値は2円でした。

Keyword

監理ポスト

上場廃止基準に触れるおそれのある銘柄を、監視しながら暫定的に売買させる取引所のポスト。監理ポストに入れられた銘柄は、企業側の説明や努力で廃止基準に触れないとわかった時点で一般ポストに戻される。また、上場廃止が決定した銘柄は整理ポストに移され、原則1か月後に上場廃止となる。

なぜ、株価が安いの？

低位株とは

株価が**500円以下**や上場銘柄の株価ランキング**下位20%**など、株価が安い銘柄

メリット○

- 株価が安いため、少ない資金で多くの株が買える
- 株価が上昇した場合の上昇率が高く、投資効率が良い

など

デメリット×

- 会社の業績が不振の場合は倒産のリスクもある
- 成長しきった会社が多く、値が動きにくい

など

理由1

「大型株」

発行済みの株数が多い会社は、多少の売買では株価が動きにくく、あまり値上がりしないため、低位株になりやすい。

理由2

「ボロ株」

会社の業績が悪く、しかも経営不振に陥った銘柄などが、売りたたかれて低位株になる。

低位株を買う場合は、まず安値の理由を探ろう！

◀ NEXT　これって、インサイダー取引!?

やりがちな犯罪行為

これって、インサイダー取引!?

▼会社関係者は売り買い禁止！

株取引では、情報収集が大きな役割を果たします。有力な情報は大きな利益を生み、なかでも役職員などの会社関係者しか知り得ない情報は、より価値が高まります。

代表的なのが投資対象の会社の合併情報。これらの極秘情報は、一般の投資家が事前に手に入れられるものではありません。会社の経営者や社員だけが知っている情報をもとに株を買い、それで大儲けすることもできます。しかしこれは、情報をもらえない一般の投資家にとっては、とても不公平な話です。

そこで、内部関係者が特別な地位を利用して得た情報をもとに株の売買で利益を上げることを、法律で禁止するようになりました。「**インサイダー取引**」といわれるこの違法行為は、**5年以下の懲役、もしくは500万円以下の罰金（またはその両方）、得た財産（投資金額＋利益）の没収など、重い刑事罰が科せられます。**

▼他人の口座を使っても必ずバレる!?

インサイダー取引の対象となるのは、会社の従業員とその家族のほか、取引先、監査法人や顧問弁護士なども含まれます。

証券取引等監視委員会がインサイダー取引の監視・調査を行っており、過去に摘発されたケースも数多くあります。知人の口座を使えばバレないと思われるようですが、それでも厳しく追及されますし、他人名義の口座で

コラム　証券会社に勤めている人は取引禁止？

企業の内部事情を知ることができる人は、その企業の株式投資に制限がかかる。特定の立場でしか知りえない情報をもとに取引を行えば、インサイダー取引として刑事罰の対象にもなる。そのため、証券会社では社員とその家族も株式投資が禁止されている。日経新聞の社員も同様だ。

取引するのも違法です。

▼「架空」発注も処罰の対象

株取引で禁止されている行為はほかにもあります。なかでも一般投資家が犯しやすい行為に「**見せ板（見せ玉《ぎょく》）**」があります。

これは、買う気がないのに、現状の株価より安い値段で大きな買い注文を入れる行為です。**人気があると思わせて、ほかの投資家の買い意欲を刺激し、高値づかみさせようとする**のです。これは「**相場操縦**」にあたり、法律違反になります。

Keyword

証券取引等監視委員会

個人投資家の保護を目的とし、1992年に当時の大蔵省内に設立された証券取引の監視機関。現在は金融庁内に置かれている。インサイダー取引や相場操縦、風説の流布（140ページ参照）など、金融商品取引法に違反する行為が認められた場合は行政処分を、勧告したり告発したりして対処する。

本人以外の取引も違法行為

借名取引

家族や友人など他の人の名義を借り、名義人になりすまして行う取引

仮名取引

架空の名義や他人の名義などを使用し、自分の素性を隠して行う取引

こんな場合もダメ！

父親から頼まれて取引するなど、口座の名義人が取引の判断をしていない場合

こんな場合もダメ！

一つの口座を利用して複数の人が取引を行っている場合

噂には惑わされるな!

根拠のない情報は×

▼ネットにはデマも多い

情報は株の売り買いの指針になる重要な要素です。情報源にはテレビやネットニュース、株式専門誌など数々のメディアがあります。とくに今はSNSやYouTubeにもさまざまな投資情報があふれています。**何を見て、その情報をどう生かすかは、投資家の力量しだいです。**

しかしネットで流れる情報は、それこそ玉石混交です。確かで有力な情報から、まったくいいかげんな噂話まであります。とくに「掲示板」などに流される「裏情報」はデタラメなものが多いといえます。ときに真実が語られていて、貴重な情報が紛れ込んでいたりするのでかえって厄介ですが、これら噂話のたぐいは、**裏づけが取れるまで信じないことです。**

▼ネットで噂を流すのは法律違反

ところが困ったことに、株価は噂だけでも動いてしまう習性があり、完全には無視できないのも現実です。噂話で株価が下がったときに、持っている株をやむなく売らなければならなくなる状況も出てきます。

まったく根も葉もない話を故意に流して株価を操作しようとするのは「風説の流布」といって、違法行為です。138ページで説明したインサイダー取引とともに刑事罰の対象になります。噂話に反応して、ネットに書き込んだりしないことです。

コラム 実際にあった仕手株事件

仕手株とは、特定の投資家集団が大量の資金を使って株価を釣り上げ株価操縦を行なうこと。とくに買い手と売り手が争うことを「仕手戦」という。2023年、そーせいグループ(4565)が仕手株となり、2000円台前半だった株価は3000円超まで高騰。その後3日連続ストップ安で1500円まで下落。

相場を操る違法行為

違法行為		罰則！
× **インサイダー取引** ▶138ページ参照	公表前の会社の重要な情報を知ることができる人が、情報が公表される前にその会社の株を売り買いする行為	**5年以下の懲役もしくは500万円以下の罰金（または併科）** [不正行為により得た財産は没収 法人に対しては5億円以下の罰金]
× **仮装売買**	同じ人が同じ時期に同じ株価の売り（買い）注文を頻繁に行い、あたかも売買が活発であると見せかけるなど、他人を誤解させる目的で行う取引	●これらの行為をはたらいた人 **10年以下の懲役もしくは1000万円以下の罰金** （または懲役と罰金の両方） [不正行為により得た財産は没収 法人に対しては7億円以下の罰金] ●財産上の利益を得る目的で、これらの行為により相場を変動・固定させ、実際にその相場で取引を行った人 **10年以下の懲役および3000万円以下の罰金** ※上記の罰則に加え、損害賠償責任を負う場合（風説の流布は市場を操作した場合）もある
× **なれ合い売買**	知り合いどうしが、示し合わせて、ある銘柄の株を同じ価格で売り買いし、あたかも売買が活発であると見せかける行為	
× **見せ板（見せ玉《ぎょく》）** ▶139ページ参照	実際に取引する意思がないにもかかわらず大量の注文を、出したり取り消したりし、ほかの投資家の取引を誘い込もうとする行為	
× **風説の流布**	インターネットの掲示板やSNSなど、なんらかの方法で、株の価格に影響を与えることを目的に、嘘の情報を流す行為	

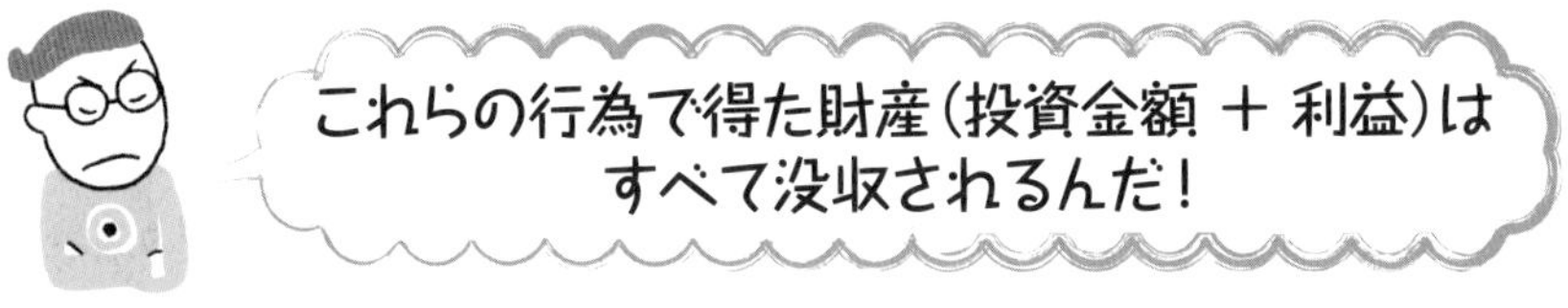
これらの行為で得た財産（投資金額 ＋ 利益）はすべて没収されるんだ！

「失敗例から学ぶ」❶

優待目当てで株を買ってみたものの……

▼赤字縮小と高利回りに目をつけた

株主優待目当てで購入する投資家もいます。たしかに、企業独自のサービスや商品など魅力的な優待もあります。

投資歴10年を超す柴田浩史さん（仮名）は、ブロードリーフ（３６７３）という銘柄の株を２０２２年8月、５００株購入します。

「２０２２年12月期は赤字転落予想でしたが、２０２３年12月期には赤字の大幅減が見込まれていました。しかも赤字でありながら、配当は継続で、株主優待が５００株で５０００円相当の電子マネーでした。私が目をつけたときは、４００円を割って３００円台前半で、配当と株主優待を合わせると３％超の利回りでした」

株価は年初から上昇を始めていたため、柴田さんはその流れに乗ろうとしたのです。

▼思わく通りに株価は上昇するが……

購入した株はその後も上昇を続けます。株価はあっという間に５００円を突破し、５５０円を超えます。

「ところが悪夢は突然やってきました」（柴田さん）

柴田さんにとって忘れられない２０２２年11月9日。株価は10％を超える下落を見せたのです。

その日、２０２２年12月期第３四半期の決算発表がありました。発表では、営業赤字は大

CASE STUDY

幅に縮小しており、柴田さんは「なんで？」と下落に納得できませんでした。ところが同じ日に「株主優待の廃止」というリリースが出されていたのを知るのです。株式市場は業績の上方修正より、株主優待廃止のリリースに大きく反応したのです。

その後、株価は下落を続け、柴田さんは、買値を下回る４８０円で損切りします。

「配当を減らすより、株主優待をなくすほうが会社にとって体面を保てるという判断だったのでしょうか。株主優待だけに目を奪われてはいけないと実感しました」（柴田さん）

※ここで取り上げたケースは実際の取材にもとづいています

◀ NEXT 「まだ上がる!」が命取りに……

「失敗例から学ぶ」❷

「まだ上がる！」が命取りに……

▼「欲」が判断を誤らせる

株を買うときは、最初に売る金額の目標を立てておけば、売却のタイミングを大きく誤ることはありません。

ただお金を増やしたいというだけでは、欲が先行し判断を誤ります。

株式投資３年の経験を持つ松永茂さん（仮名）は、その失敗を犯してしまいました。松永さんが投資した銘柄はＴＤＳＥ（７０４６）。ＡＩ技術を使った経営診断サービスを提供している企業です。

松永さんとは縁もゆかりもない業種のこの銘柄を選んだのは、推奨銘柄を挙げるネット記事を見たからです。

松永さんは、この企業の業績を自ら調べます。ネット記事にあった通り、業績は上向きです。株価は２４００円を挟んでボックス相場を形成しているようでした。

▼株価が上昇し始めた！

２０２３年３月初旬、株価２２４０円で４００株を購入。しばらく株価はさえない動きを見せますが、３月も後半に入ったところで急上昇。松永さんの心が揺れます。

「そろそろ売り時か……、いやまだ上がる」

期待を込めて、ホールド（保有継続）を選択した松永さん。ところが、３日連続で急上昇した株価は、４日目には頭打ち。３４２０円の直近高値を超えたところで株価は下落に転じて

CASE STUDY

しまったのです。

　松永さんは焦ります。せっかく利益が出たと思ったら、刻一刻と株価が下落しているためです。けっきょく判断がつかないまま、様子を見ていると、とうとう株価は買値を割ってしまいました。

　失意のなか、祈る気持ちで日々株価を追いますが、回復の兆しは見えません。４月半ばに２０００円割れ寸前で損切りにしました。

　欲をかいたために、利益も逃してしまったのです。

あんなに
調子
よかったのに…

※ここで取り上げたケースは実際の取材にもとづいています

TDSE (7046)
実は、この銘柄は６月にも急騰。
保有を続ければ利益が出たが、
この予想は難しい
急上昇するも、
まだ上がると思い
ホールド
3/13
購入
買値以下で
売却
4,200
3,500
2,800
2,341
2,100
1,876
1,400
2023/3
2023/4
2023/5
2023/6
2023/7

PART 6 要注意の投資法

[まとめ]

とにかく買っちゃえ!
クリック
クリック

□ **「欲望」**が判断を狂わせ、冷静さを失わせ、損失を拡大させる原因になる

□ 判断を誤ったにもかかわらず、**自分に都合のよい解釈**をして、より泥沼にはまるケースがある

□ **割安で放置されている銘柄**にはそれだけの理由がある。安易に手を出さず、しっかり調べよう

□ **投資情報にはデマも多い**。吟味せずに飛びつくのはもってのほか。根も葉もない噂を拡散してしまわないようにしよう

使える！ 役立つ！
ココで差がつく
基礎知識

知っトク

株で利益が出たら税金を払う

▼給与とは切り離して税金を計算

働いて給料をもらったら所得税を払い、商品を買ったら消費税を払います。株の売り買いにも税金がついてきます。株を買ったら、手数料に消費税がかかります。

株を売って利益が出たら、これに所得税と住民税がかかります。年間の合計で売却益が出た翌年は、自分で税務署に申告しなければなりません（確定申告）。給与や不動産で得た所得を切り離して、申告分離課税で税金を納めます。**また配当金にも税金はかかります。**

確定申告を行うには、1年間（1月1日～12月31日）を通して株の売り買いの損益を計算します。自分で計算するのが面倒な人は、証券会社に「特定口座」を開けば、計算は証券会社がやってくれます。

ただ、**特定口座で「源泉徴収あり」を選んでいる人は、確定申告は不要です**（45ページ参照）。

▼マイナス分は繰り越せる

株でいつも儲かるとは限りません。もし年間を通じて損益がマイナスになったときは、取引口座が特定口座で源泉徴収ありの場合でも、確定申告をすれば納めすぎた税金を取り戻せます。

また**確定申告で、その年に出た損失を翌年以降3年間の株の売却益と通算することもできます。**翌年以降の売却益にかかる税金が安くなり、節税になります。

税金の基礎知識 ▶▶ **申告分離課税**

給与などにかかる所得税とは別に、銀行預金や株の売却（譲渡）などで得る所得は分離課税として個別に税金を支払う必要がある。とくに株で得た利益は1年間の損益を計算し、申告分離課税として税務署に確定申告する。

株にかかる税金

1 売買で得た利益

税率 20.315%（所得税15.315%
住民税5%） ▶ **申告分離課税として確定申告**

※2013年1月から、所得税には東日本大震災の復興増税（所得税分に対して2.1%の上乗せ）が適用されています。

特定口座制度とは

特定口座で「源泉徴収あり」を指定した場合は、株の売買で得た利益について取引証券会社が所定の税額を徴収し、納税してくれるため、確定申告は不要。源泉徴収なしの場合は、証券会社が作成してくれる年間取引報告書をもとに自分で確定申告をします。

●損した場合は、確定申告をすればおトク！

当年		翌年		翌々年		3年目
マイナス100万円		プラス20万円		プラス20万円		プラス30万円
損失額 100万円	▶繰り越し	損失額残り 80万円 相殺 利益の20万円	▶繰り越し	損失額残り 60万円 利益の20万円 相殺	▶繰り越し	損失額残り 30万円 利益の30万円 相殺 損失額残りは 4年目に繰り越せない

売却損は、翌年以降3年間の売却益と相殺できる！

2 配当で得た利益

税率 20.315%（所得税15.315%
住民税5%） ▶ **源泉徴収されるため確定申告は不要**

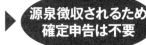

※2013年1月から、所得税には東日本大震災の復興増税（所得税分に対して2.1%の上乗せ）が適用されています。

配当の場合も売却損が出たなら確定申告したほうがおトク

※2023年8月時点の情報にもとづきます。

知ってトクする 用語集

ETF《いー・てぃー・えふ》

金融商品の一種で、証券取引所で売買される投資信託（Exchange Traded Fund）。投資信託は、ファンドにお金を預けて、ファンドマネジャーに運用を任せる金融商品をいいます。ＥＴＦが投資信託と違うのは、証券取引所に上場されている点です。投資信託より売り買いがカンタンで、手数料も安くなっています。

一日のうちにリアルタイムで価格が動くのも特徴で、その意味で株に近いといえます。

IPO《あい・ぴー・おー》

市場で新たに売り出された新規公開株（Initial Public Offering）。それまでオーナー社長や会社関係者だけが持っていた未上場企業の株を、証券会社を通じて公募のかたちで売り出し、同時に会社を上場させます。

新規公開株を買いたい投資家は、ブックビルディング方式（需要積み上げ方式）で買いつけの申込みを行います。

ＩＰＯの人気が高いときは、発行会社が指定する価格帯の上限を希望価格として申し込むことになり、それでも株数より希望者数が多ければ、あとは抽選になります。

取得の際に手数料がかからず、一時は人気を集めました。

▼株式分割《かぶしきぶんかつ》

資本金を変えることなく1株を細かく分割することで、発行済み株数が増えます。これまでの株数を1とした比率であらわされ、たとえば「1対3の株式分割」であれば、1株に対して2株が無償で株主に与えられます。

この場合、株数が3倍になりますが、1株当たりの株価は3分の1になります。ただ、1株当たりの配当を据え置くと、実質、増配となり、また株数が増え、さらに株価が下がることで流動性も高まります。

また「1対1・2」の株式分割などでは、1株に満たない株が生じることがあります。これを端株といい、会社に対し買い取り請求ができます。

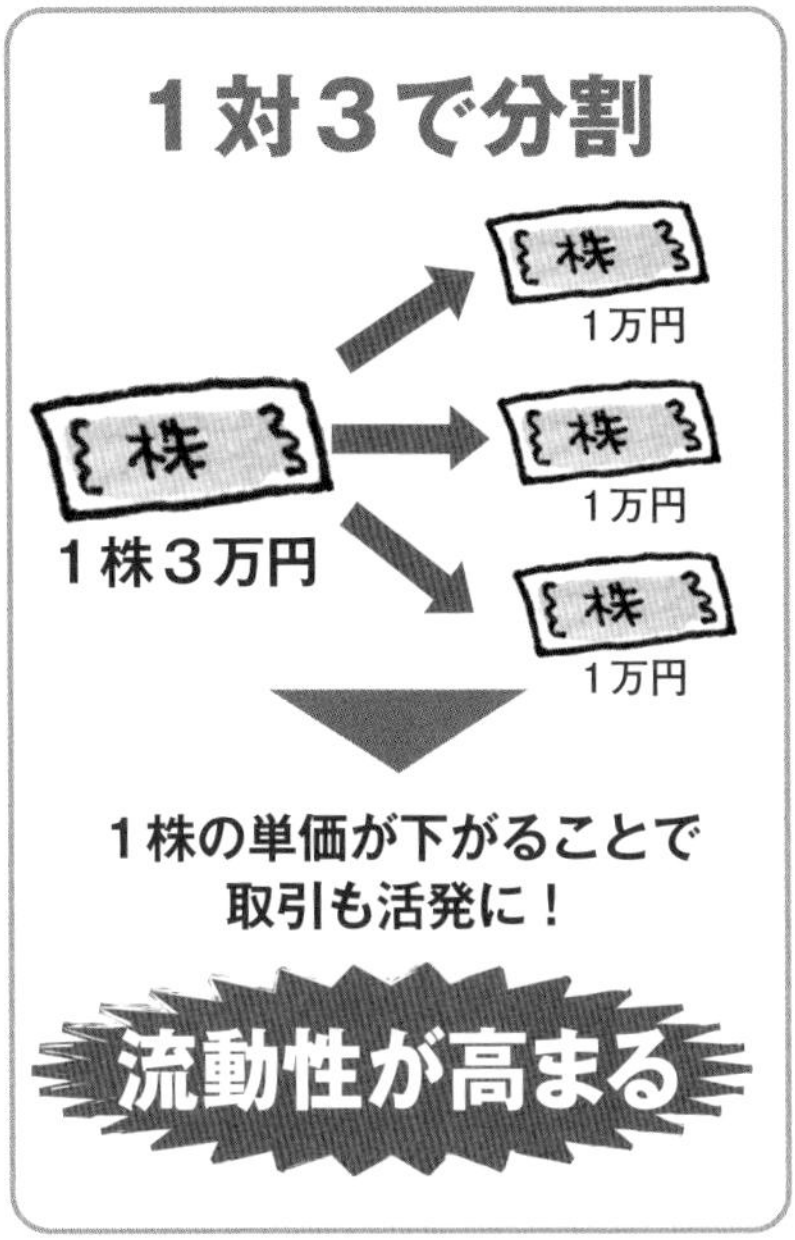

▼貸借倍率《たいしゃくばいりつ》

信用取引における「信用買い」と「信用売り」のバランスを示した数値。「信用買い残高（融資残高）」を「信用売り残高（貸株残高）」で割ってもとめます。信用取引では、いずれ反対売買を行わなくてはならないので、買い残高が増える（貸借倍率が高くなる）と、将来の売り要因となり、株価が下落しやすくなります。逆に、売り残高が増えると買いの要因となります。

貸借倍率は、通常1倍以上ですが、下落が続く銘柄では、1倍を下回るケースもあります。1倍以下は「好取組銘柄」といわれ、いずれ高騰する可能性があるとして注目されますが、下落原因の確認も必要です。

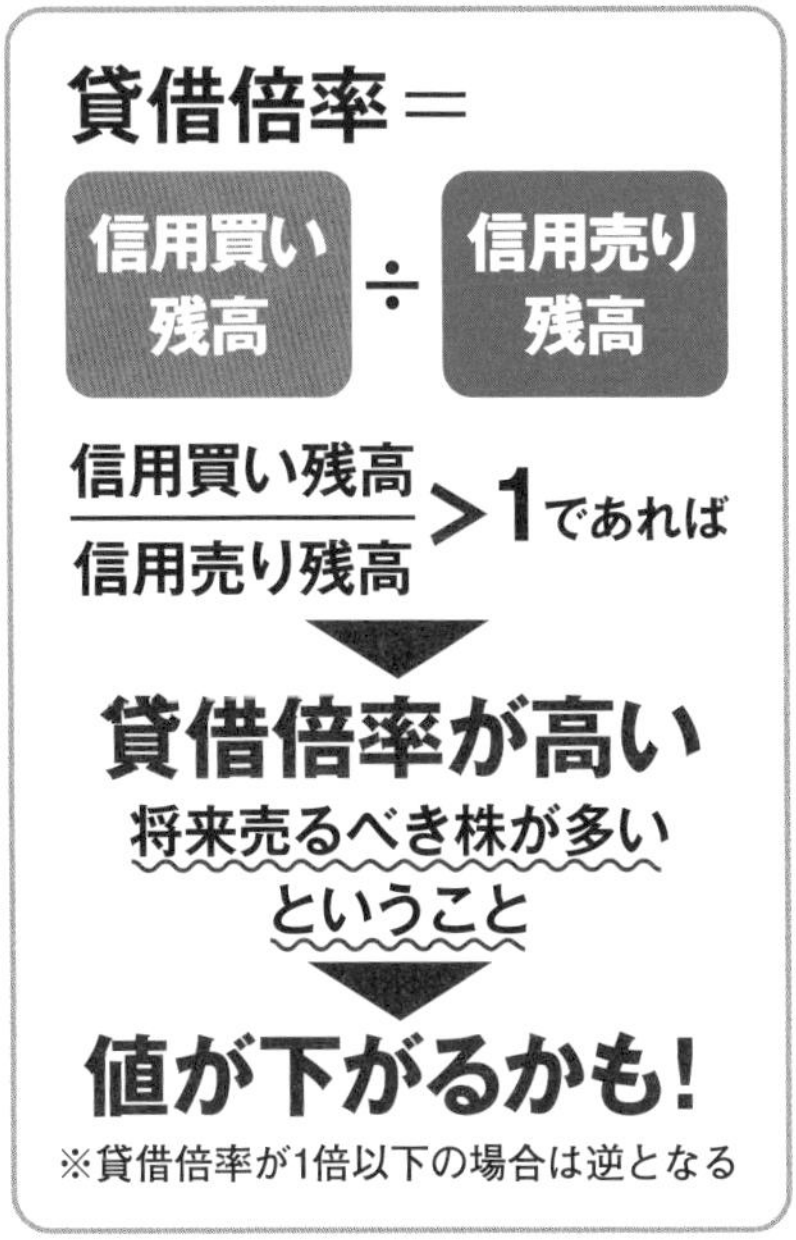

騰落レシオ《とうらくれしお》

市場の「値上がり銘柄数」と「値下がり銘柄数」の比率をいいます。

市場での「買われすぎ」「売られすぎ」の状態や、市場の過熱感などを見る指標として使われています。

もっとも使われているのが「25日間の値上がり銘柄数の合計」を「25日間の値下がり銘柄数の合計」で割る計算式(%で表示)です。

100%を中立の状態とし、それよりも数値が高ければ高いほど過熱感が強いと判断されます。

一般的に、120%以上が「過熱ゾーン」と見られ、逆に70%以下の場合は「底値ゾーン」と判断されます。

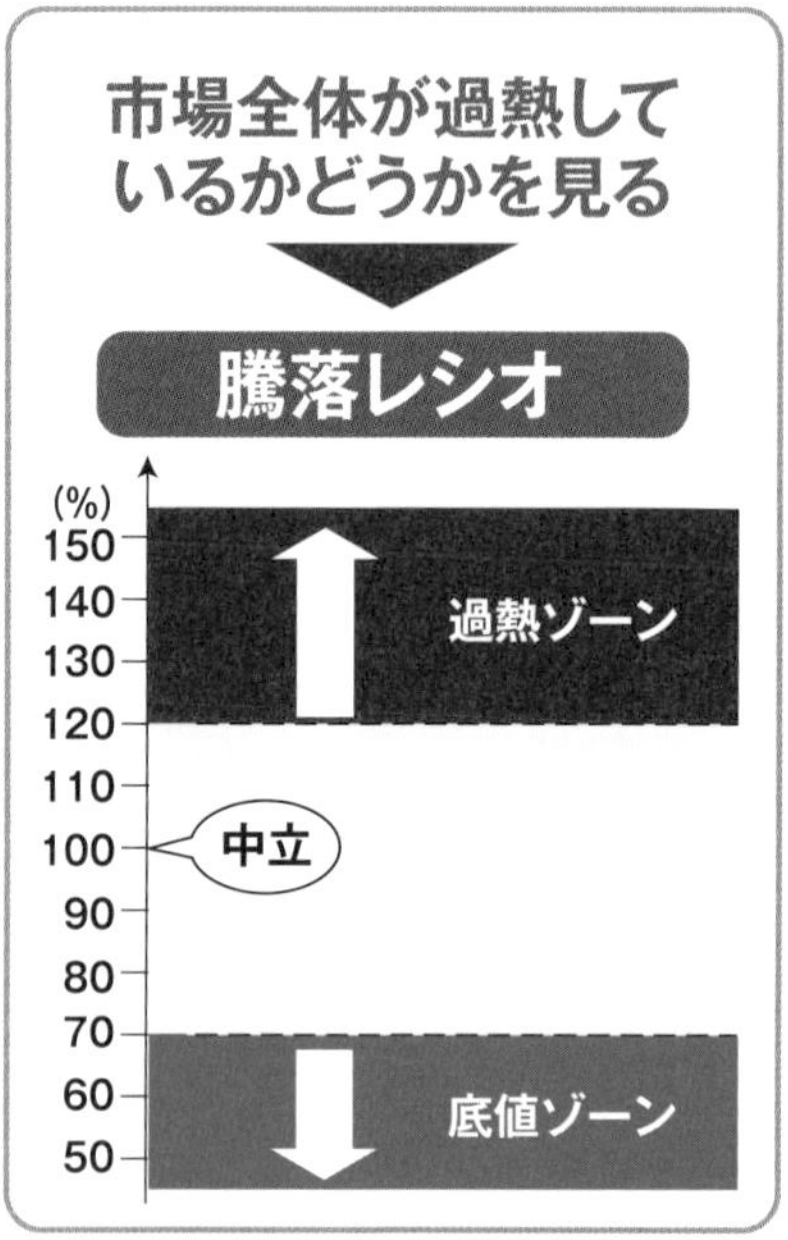

値幅制限《ねはばせいげん》

株価を動かす大きな材料が出たとき、異常な高騰・暴落を防ぐため、一日に変動できる上下の値幅を制限します。

100円未満の株は30円幅、100円以上、200円未満の株は50円幅、200円以上、500円未満の株は80円幅と、制限される値幅は株価水準で変わります。

買いが殺到して値幅制限いっぱいまで買われることを「ストップ高」、売りが殺到して値幅制限まで売られることを「ストップ安」といいます。

3営業日連続して、ストップ高(あるいはストップ安)となり、売買が成立しなかった場合は、値幅制限が拡大されるなどの措置もあります。

株価	値幅制限
100円未満	±30円
200円未満	±50円
500円未満	±80円
700 円未満	±100円
1000円未満	±150円
1500円未満	±300円
2000円未満	±400円
3000円未満	±500円
5000円未満	±700円
7000 円未満	±1000円
1万円未満	±1500円
1万5000円未満	±3000円
2万円未満	±4000円
3万円未満	±5000円
5万円未満	±7000円
7万円未満	±1万円
10万円未満	±1万5000円
⋮	⋮

▼内需関連株《ないじゅかんれんかぶ》

日本国内を主なマーケットとしている業種の銘柄。株価が日本の景気動向に左右されやすいのが特徴です。建設や不動産、陸運、銀行、小売り、食品、電鉄関連銘柄がこれにあたり、最近では通信関連も含まれています。

逆に、電機やハイテク、自動車産業のように輸出に依存している、あるいはアメリカなど海外での収益が大きい銘柄を「外需関連株」「輸出関連株」といいます。

輸出関連株は、「円高」になれば株価にマイナス、「円安」になればプラスになりますが、内需関連株は為替の動向に左右されることはあまりありません。

内需関連株

●陸運業
小田急電鉄　〈9007〉
東日本旅客鉄道　〈9020〉
西日本旅客鉄道　〈9021〉　など

●小売業
セブン＆アイ・HD　〈3382〉
ゼンショーHD　〈7550〉　など

●サービス業
電通グループ　〈4324〉
楽天グループ　〈4755〉　など

●通信業
日本テレビHD　〈9404〉
ソフトバンクグループ　〈9984〉　など

その他、不動産、建設業なども

▼M&A《えむ・あんど・えー》

企業の合併・買収のこと。二つ以上の企業が一つの企業になることを「合併」、企業が別の企業の株を買って子会社化することを「買収」といいます。M&Aは前向きな企業戦略で、とくに買収の対象になる会社の株価は上昇しやすい傾向にあります。

また合併比率が1対1の場合、合併される会社（消滅会社）の株は、存続会社の株式となります。

1対0・5の合併比率では、消滅会社の株を10株持っているとすると、合併後は5株と交換してもらえます。このとき手持ちの株が単位未満株となれば、存続会社に買い取りを請求することもできます。

合併比率

合併される会社の株主に対し、持ち株数に応じて交換する株の比率

A社：B社＝1：0.5の場合

B社の1株はA社の0.5株に相当

いいですよ
株を交換してください

存続会社A社

消滅会社B社

**B社の株を
10株持っていれば
A社の5株と交換**

先人に学ぶ 株の格言

銘柄選び① 他人を頼るべからず、自力を頼むべし

株式市場では、数多くの投資家が同じ土俵で闘っていますが、ほかの人はすべてライバルと思ったほうがいいでしょう。SNSでは有名投資家がいろいろな銘柄を推奨していますが、最後に判断するのは自分自身であることを自覚しておくべきです。

銘柄選び② 遠くのものは避けよ

とくに初心者が銘柄を選ぶときは、よく知っている身近な会社を選ぶべきです。「身近」とは、なじみ深い商品を作っている会社、自分が事情をよく知っている業界などです。ともすれば、行っている事業すら知らない会社の株を買いがちですが、厳に慎みたいものです。

銘柄選び③ 知ったらしまい

投資には「先見性」が必要です。株価はつねに未来を先取りして動きます。株価を動かす「材料」がニュースとして流れたとき、株式市場ではすでに、その材料を織り込んでいることも多々あります。株は「兆し」の段階で買われ、誰もが知る事実となったときでは遅い、と覚えておきましょう。

銘柄選び④ 卵は一つの籠に盛るな

全部の卵を一つの籠に入れて、その籠をひっくり返してしまったら、卵は全部割れてしまいます。株も同じで、一つの銘柄にお金を全部つぎ込むと、その銘柄が暴落でもしたら大きな痛手となります。そこでいくつかの籠（銘柄）に入れて（分けて）おけば、リスクも分散されるというもの。つまり、分散投資のススメです。

割安は割安ならず、割高は割高ならず

銘柄選び⑤

高い株、安い株にはそれぞれ、それなりの理由があります。たとえば株価水準を測る代表的な指標にPER（84ページ参照）がありますが、これとて万能ではありません。株は事業の将来性を見込んで買われる側面が強く、たとえ現在の業績が悪くてもいずれ脚光を浴びるであろう会社の株は高いものです。

人の行く裏に道あり 花の山

銘柄選び⑥

株で成功するには安いときに買って、高いときに売るのが鉄則です。ところが株が安いときは、だいたい市場が冷え切っているとき。つまり、その株の人気が大きく落ち込んでいるときなのです。そんなときこそ、あえて買う勇気を発揮すれば、大きく儲けられることもあります。

つかぬはやめよ

相場観①

多くの投資家は、負けが続くと冷静さを失い、一気に挽回《ばんかい》しようとし、損失をさらに拡大させます。どんな達人でも勝ち続けることは難しく、成功している投資家はさっさと損切りをして損を最小限に抑える、つまり「負け方」もうまいのです。

休むも相場

相場観②

株で利益を出したら、また次の株を買いたくなるものです。相場にのめり込む人は、ひっきりなしに売買しないと気がすまない傾向にあります。ただ、市場はいつも利益を出せる状況にあるとは限りません。たまには「様子見」も大事です。

魚の頭と尻尾は猫にくれてやれ

相場観③

魚を「頭から尻尾まで食べようとする」のは、株を底値で買って天井で売ろうとすること。投資家なら誰もが夢見ることですが、これがいかに困難かはやってみればすぐにわかります。他人に利益を譲ろうという心の余裕が、勝ちを呼びます。

売買タイミング①

売りは早かれ、買いは遅かれ

株は一般的に「買うのは簡単だが、売るのは難しい」といわれます。誰しも買った株が値下がりしたとき、「損を取り戻したい」気持ちを抑えて損切りするには勇気が必要です。逆に利益が出ているときは「まだ上がるかも」とさらに欲が出てしまうのです。しかも上昇と下落では、明らかに下落のスピードのほうが速いケースが多く、その分、買いどきより売りどきのチャンスのほうが少ないといえます。つまり、利益が出たら早めの利益確定がおすすめ、という格言です。

売買タイミング②

山高ければ谷深し

株価は上昇、下落を繰り返し、一方向ばかりに動くことはありません。それどころか上昇しすぎた相場は、崩れたときの反動が大きくなりがちです。またその逆もしかりで、「谷深ければ山高し」という言葉もあります。これを投資戦術に応用したのが「自律反発狙い」の買いです。

売買タイミング③

押し目待ちに押し目なし

上昇局面でも、一本調子で上がることは珍しく、利益確定の売りに押されて安くなる場面が出てきます。これが「押し目」で、相場が強いときの絶好の買いタイミングとなります。しかし、相場の勢いが強いときは押し目らしい押し目もなく、買いそびれることもあります。

売買タイミング④

利食い千人力

株は、ある程度利益が出たらすばやく決済して利益確定するのがおすすめです。買った株が上がっているときは「まだまだ上がる」と欲が出て、実際、利益確定後にさらに株価が上がって「悔しい」思いをすることも珍しくありません。ただ、そんなときは「損をするよりマシ」と割り切ることも必要です。

利益確定
まだ上がりそうなのに
もったいない…

売買タイミング⑤

見切り千両

損を抱えたときの対応は投資家によって違います。「いつか回復するのでは」と淡い希望を抱いて持ち続ける人もいれば、潔く損切りをする人もいます。塩漬けは資金面でも制限が出てくるので、総じて損切りがいいようです。

売買タイミング⑥

夜明け前が一番暗い

株価は株が下がっても会社が倒産しない限り、いつか反転します。下がったところで買う勇気のある投資家が大きな利益を手にします。しかし、そろそろ「夜明け前」と思っていたらまだ宵の口で、さらに暗くなったということもあります。

売買タイミング⑦

もうはまだなり、まだはもうなり

株価の先行きを予測するのは難しく、そこに投資の難しさがあります。「もう天井だ」と思っても、株価がさらに上がったり、「まだ上がる」と思ったところで反落したり……。「完全な予測は不可能」を前提に、心に余裕を持って投資しましょう。

投資スタイル①

けなり売り、けなり買い、なすべからず

「けなり」とは、羨むという意味の古語。ほかの投資家が儲かったという話を聞くと心が穏やかでなくなり、自分も、とその人をまねて行う取引を「けなり商《あきな》い」といいます。しかし、これは禁物です。この場合、投資スタイルが確固たるものではないので、失敗しやすいといえるでしょう。

投資スタイル②

命金には手をつけるな

「命金《いのちがね》」は、生活費など使う予定のあるお金のこと。株取引は「命金を使ってはならず、余裕資金で行え」と戒めた言葉です。市場は自分の思いどおりには動きません。「一時的な融通」と生活資金で株を買い、思惑と違う結果になれば生活が立ちゆかなくなり、精神的な余裕も失ってしまいます。

投資・株について もっとよく知るための ブックリスト

書名	解説
『難しいことはわかりませんが、マンガと図解でお金の増やし方を教えてください！』 山崎元 大橋弘祐著（文響社刊）	金融業界を渡り歩いた山崎元氏がお金の増やし方について解説した本。マンガ中心で手軽に読める。本書が難しく感じた人や、投資全般についての基本をおさらいしたい人向け。
『となりの億万長者』 トマス・J・スタンリー ウィリアム・D・ダンコ著 （早川書房刊）	億万長者1万人以上にインタビューとアンケートを行ったアメリカ富裕層研究者が、億万長者の職業、年収、消費行動から導き出した「成功を生む7つの法則」を紹介。お金の使い方について身につく。
『伝説の編集長が教える会社四季報はココだけ見て得する株だけ買えばいい』 山本隆行著 （東洋経済新報社刊）	投資のバイブル『会社四季報』の元編集長が、四季報を使った割安株・大化け株候補の見つけ方について解説した本。企業の売上や指標をどのように読み解いていくのかについてもわかりやすい。
『こんな時代に たっぷり稼げる株の見つけ方』 天海 源一郎著 （幻冬舎刊）	個人投資家が陥りがちな「ヤマ勘」から脱却し、値上がりする株の見つけ方や心構えをわかりやすく解説した書籍。2016年の発刊時に日経平均3万円超えを予見していた先見の明はさすが。
『賢明なる投資家』 ベンジャミン・グレアム著 （パンローリング刊）	世界三大投資家の一人、ウォーレン・バフェット氏が師匠とする伝説の投資家の名著。投資と投機の違い、バリュー投資について書かれている。少し難しめ。
『2000億円超を運用した伝説のファンドマネジャーの株トレ』 窪田真之著 （ダイヤモンド社刊）	一問一答形式で、チャートの読み方が身につく本。ローソク足やゴールデンクロスなどの基本を知った後に、実際のチャートではどのように現れて、どう動いていくのか、株のセンスが身につく1冊。

INDEX

【アルファベット】
ETF……150
iDeCo……20
MACD……102
NISA（少額投資非課税制度）……16,18,20
PBR（株価純資産倍率）……86,88
PER（株価収益率）……84,86,88
ROA（総資産利益率）……88
ROE（株主資本利益率）……88

【ア】
委託保証金……58
移動平均線……108,110
インサイダー取引……138,141
陰線……96
売上高……74
上値抵抗線……102,104,106
上ヒゲ……96
営業利益……74
円高……82
円安……82
追証……58
大化け株……68
大引け……53,97
押し目……106,109,124
オシレーター……94
終値……96

【カ】
下降トレンド……102,104
株価……32,36
株式分割……151
株主……26
株主優待……5,27,30,142
空売り……56,58
完全失業率……90
監理ポスト……137
機関投資家……90
逆張り……124
業績予想……75
グロース株……42
経済指標……90
経常利益……74
決算短信……72,74
源泉徴収……44,148
減配……28
現物取引……56
権利確定日……30
ゴールデンクロス……110
後場……53

【サ】
最低売買単位……49,60
指値注文……48,51,54
私設取引システム(PTS)……52
下値支持線……102,104,106
下ヒゲ……96
実質配当利回り……30
実績PER……84
仕手株……140
十字線……98
順張り……124
小陰線……98
証券取引等監視委員会……138
上昇トレンド……102,104
小陽線……98
申告分離課税……148
信用取引……56,58
税金……16,44,148
整理ポスト……137
セリングクライマックス……126
前場……53
増配……28
損益計算書……74
損切り（ロスカット）……54,116,120

【タ】
大陰線……98
大陽線……98
高値……96
単元株……60
単元未満株……60
地政学リスク……80
中期経営計画……72
追加保証金（追証）……58
ツレ安……9,128
低位株……136
出来高……126
テクニカル分析……64,94
デッドクロス……110
当期純利益……74
騰落レシオ……152
特定口座……44,148
ドル・コスト平均法……122
トレンドライン……102

【ナ】
成行注文……48,50,54
ナンピン買い……120
日銀短観……68,82
値上がり益……4,28
値がさ株……136
年間取引報告書……45

【ハ】
配当……5,28,30,76
始値……96
バリュー株……42
ファンダメンタルズ分析……64
復配……33
ブレイクアップ……104
ブレイクダウン……104
プロスペクト理論……116
分散投資……118,122
ボックス相場……106
ボロ株……137

【マ】
銘柄コード……36
保ち合い……98,106

【ヤ】
安値……96
陽線……96
横ばいトレンド……102,104,122
予想PER……84
寄付き……53,97

【ラ】
利益確定……54,116
流動性リスク……126
るいとう……60,122
ローソク足……96,98,100

著者

安恒理　やすつね おさむ

1959年福岡県生まれ。慶應義塾大学文学部卒業後、出版社勤務。月刊誌の編集に携わったあと、ライターとして独立する。マネー誌への執筆など、投資からビジネス、スポーツ、サブカルチャーなど幅広い分野で活躍。株式投資歴は、87年のブラックマンデー以降35年以上におよぶ。

メルマガ配信「foomii」にて「株・銘柄選びの極意『今週のイッパツ勝負』（短期投資）、「現代ビジネス」にて中長期投資銘柄を紹介。


〈著書〉

『いちばんカンタン！　株の超入門書　銘柄選びと売買の見極め方』『いちばんカンタン！　FXの超入門書　改訂版』『いちばんカンタン！　米国株の超入門書』（高橋書店）、『図でわかる株のチャート入門』（フォレスト出版）、『はじめての人のアジア株　基礎知識＆儲けのルール』『ＦＸで毎日を給料日にする！』（すばる舎）、『安心して始める中国株』（廣済堂出版）など多数。


いちばんカンタン！

株の超入門書　改訂4版

著　者　安恒　理
発行者　高橋秀雄
編集者　梅野浩太
発行所　株式会社 高橋書店
〒170-6014 東京都豊島区東池袋3-1-1 サンシャイン60 14階
電話　03-5957-7103

ISBN978-4-471-21091-5　

本書の内容についてのご質問は「書名、質問事項（ページ、内容）、お客様のご連絡先」を明記のうえ、郵送、FAX、ホームページお問い合わせフォームから小社へお送りください。

回答にはお時間をいただく場合がございます。また、電話によるお問い合わせ、本書の内容を超えたご質問にはお答えできませんので、ご了承ください。本書に関する正誤等の情報は、小社ホームページもご参照ください。

【内容についての問い合わせ先】
書　面　〒170-6014 東京都豊島区東池袋3-1-1 サンシャイン60 14階　高橋書店編集部
ＦＡＸ　03-5957-7079
メール　小社ホームページお問い合わせフォームから（https://www.takahashishoten.co.jp/）

【不良品についての問い合わせ先】

ページの順序間違い・抜けなど物理的欠陥がございましたら、電話03-5957-7076へお問い合わせください。

ただし、古書店等で購入・入手された商品の交換には一切応じられません。